El Salmo fugitivo

Antología de poesía religiosa latinoamericana

M000191593

El Salmo fugitivo

Antología de poesía religiosa latinoamericana

Selección e introducción
de Leopoldo Cervantes-Ortíz

Prólogo
de Carlos Monsiváis

editorial clie

CLIE E.R. n.º 2.910-SE/A
C/ Ferrocarril, 8
08232 VILADECAVALLS (Barcelona) ESPAÑA
E-mail: libros@clie.es
Internet: http:// www.clie.es

EL SALMO FUGITIVO:
ANTOLOGÍA DE POESÍA RELIGIOSA LATINOAMERICANA

Copyright © 2009 Leopoldo Cervantes-Ortiz, editor
Copyright © 2009 por Editorial CLIE

Cualquier forma de reproducción, distribución, comunicación pública o
transformación de esta obra solo puede ser realizada con la autorización de sus
titulares, salvo excepción prevista por la ley.
Diríjase a CEDRO (Centro Español de Derechos Reprográficos,
http://www.cedro.org) si necesita fotocopiar o escanear algún fragmento de esta obra.

ISBN: 978-84-8267-549-7

Printed in Colombia

Clasifíquese:
0996 POESÍA:
Antología de la poesía
CTC: 02-13-0996-01
Referencia: 224654

Índice

Palabras preliminares

"A la sombra del salmo ha estado viviendo el hombre muchos siglos…" escribe León Felipe, en sus versos de honor al salmo fugitivo, al salmo que huye de la prisión en la que pretenden enclaustrarlo sanedrines, sínodos y consistorios, al salmo que peregrina hacia su matriz original: la poesía. Esta antología, magistralmente compilada por Leopoldo Cervantes-Ortiz, con un título, *El salmo fugitivo*, que tanto evoca a ese gran poeta del exilio español en América, es un reflejo de la crucial importancia que la religiosidad, como salmo de fe, esperanza, duda, rebelión y clamor angustiado, reviste en la poesía latinoamericana contemporánea.

Desde su primera edición (2004), esta antología ocupa un lugar privilegiado por diversas razones: 1) Provee pistas únicas para seguirle los pasos a los encuentros amorosos, con frecuencia clandestinos, de la poesía y la religiosidad por lo senderos de nuestros países latinoamericanos. 2) Es una obra de impresionante y poco común talante ecuménico, libre de las restricciones confesionales que con tanta ansiedad defienden las instituciones eclesiásticas. 3) Abarca la amplitud de nuestro continente, desde el Río Grande, en el norte, hasta la Tierra del Fuego, en el sur. 4) Nos permite percibir la rica variedad de enfoques, perspectivas y estilos líricos con que la poesía latinoamericana enfrenta la religiosidad y su intrincada red de espiritualidad, símbolos, creencias y ritos. Esas virtudes se acrecientan en esta nueva edición, aún más amplia y abarcadora, de mayor caudal ecuménico y poético.

Este es un texto indispensable para quienes, como este agradecido lector, no cesamos de admirar la creatividad poética de nuestros pueblos, ni sabemos poner fin a nuestro apasionamiento por los enigmas perennes de la existencia humana, la fuente inagotable del sentimiento religioso. En un lugar clave de su obra maestra, *Los pasos perdidos*, Alejo Carpentier vislumbra cómo en los orígenes de la historicidad humana, al captarse angustiosamente la fragilidad de todo lo que confiere sentido y valor a nuestra existencia, surgen simultáneamente, como clamor de queja, protesta y esperanza, la poesía, el himno y el salmo. Leopoldo Cervantes-Ortiz recorre, como nadie en nuestras letras continentales, los pasos perdidos de ese clamor. Quedamos todos en deuda con este excepcional intelectual, literato y teólogo mexicano, quien en su propio espíritu creador sabe que, para citar nuevamente a León Felipe, "el poema es un grito en la sombra, como el salmo...".

Luis N. Rivera-Pagán
Princeton Theological Seminary
Enero de 2007

Prólogo

"Así te ves mejor, crucificado…" (Sobre la poesía religiosa)

Carlos Monsiváis

En *El libro de Dios*, Alfredo R. Placencia (1873-1930), un cura de provincia y de parroquias rurales abandonadas, escribe algunos de los poemas religiosos más extraordinarios de la literatura mexicana. Uno de ellos, "Ciego Dios" es en especial notable:

> Así te ves mejor, crucificado,
> bien quisieras herir, pero no puedes.
> Quien acertó a ponerte en ese estado
> no hizo cosa mejor. Que así te quedes.

Si se indaga en la "teología específica" de los poemas de intención mística, en la de Placencia sus criaturas adoptan a Jesucristo, van a fondo y ven en el sacrificio en la cruz el nacimiento doble de la religión y de su convicción personal. En esta tendencia el texto clásico es el soneto de Fray Miguel de Guevara:

> No me mueve mi Dios para quererte
> el cielo que me tiene prometido,
> ni me mueve el infierno tan temido
> para dejar por eso de ofenderte.
>
> Muéveme tu Señor, muéveme el verte
> clavado en una cruz y escarnecido,
> muéveme el ver tu cuerpo tan herido,
> muévenme tus angustias y tu muerte.

Muéveme en fin tu amor, de tal manera
que aunque no hubiera cielo yo te amara,
y aunque no hubiera infierno te temiera.
No me tienes que dar porque te quiera,
porque si lo que espero no esperara,
lo mismo que te quiero te quisiera.

Leído como herejía, aceptado como emblema del amor trastornado pero que en su exaltación se justifica, el soneto de Fray Miguel de Guevara prevalece y con los siglos se va convirtiendo en la alternativa a la literatura devocional de las instituciones. Lo usual, sin embargo, es el repertorio de los místicos españoles, San Juan de la Cruz y Santa Teresa de Jesús ("Vivo sin vivir en mí/ y tan alta vida espero/ que muero porque no muero"), y los textos que la memoria colectiva decanta como el soneto de Lope de Vega:

¿Qué tengo yo que mi amistad procuras,
qué interés se te sigue, Jesús mío,
que a mis puertas, cubierto de rocío,
pasas las noches del invierno a oscuras?

¡Oh cuántas fueron mis entrañas duras
pues no te abrí! ¡Qué extraño desvarío
si de mi ingratitud el hielo frío
secó las llagas de tus plantas puras!...

El sentimiento de culpa, ubicuo, es un lazo de unión inexorable.

෴

A la poesía religiosa la promueven los rituales de la memoria. En el Catecismo o en los libros para la infancia se enseñan y se reproducen los poemas edificantes como "Marciano", relato del centurión romano convertido a la Verdadera Fe ("César, si mi delito es ser cristiano..."), o como los incontables de obispos, capellanes y versificadores en busca del inmenso público cautivo, como en México el Cantor del Hogar, Juan de Dios Peza, a fines del siglo

XIX y principios del siglo XX. En *El Lector Católico Mexicano* (Libro Tercero, de Herrera Hermanos Sucesores, 1910), se reproduce un texto típico de Peza:

A Margot orando
Hija, haces bien en implorar del cielo
la dulce paz que el corazón ansía.
¡Siempre que el corazón levanta el vuelo
se alivia y se conforta el alma mía!
Haces bien en orar: forman tus galas
la piedad y el candor, con ellas subes
como las aves libres; con sus alas
para encontrar a Dios tras de las nubes…

El Credo con ritmo entra. El niño repite sin entender y entiende la suficiente como para creer verdadero lo que se aprende, y lo mismo sucede al adolescente; según a los testimonios de época, es ya difícil que un adulto memorice, y por eso, al desvanecerse las obligaciones de la mnemotecnia el gusto o el culto de la poesía religiosa se confinan en una minoría estricta. Antes, es un lujo de la conversación repetir, por ejemplo las estrofas de San Juan de la Cruz Amado:

No quieras despreciarme
que si color moreno en mí hallaste,
ya bien puedes mirarme
después que me miraste,
que gracia y hermosura en mí dejaste…

ෙ ෙ

La poesía religiosa en lengua española es un género con grandes practicantes, de los poetas medievales y Santa Teresa y San Juan de la Cruz a Francisco González León, Placencia y Pellicer, del ecuatoriano César Dávila Andrade a los nicaragüenses Azarías H. Pallais, Pablo Antonio Cuadra y Ernesto Cardenal, del puertorriqueño Luis Palés Matos al cubano José Lezama Lima. Con el tiempo, en el ámbito de "la posmodernidad" se profese o no una fe específica, se leen, y muy gozosamente, estos testimonios de la trascendencia vividos desde la convicción y la estética. Con puntualidad, los mejores poetas religiosos están al tanto: si no ejercen su fe a través del rigor literario, (esa vigilancia crítica de la inspiración), serán oportunistas de su creencia, como tantos de los escribas guadalupanos incluidos en las antologías-orfanatorios de Joaquín Antonio Peñalosa.

∽∞ ∞

Hay también poetas muy atentos al tema de Dios, sin profesar la fe cristiana o más concretamente católica; son ateos o agnósticos o, si se quiere, personas desinteresadas por el casillero devocional que les corresponde pero muy atentos a la trascendencia. Cito a César Vallejo: "Dios mío, si hubieras sido hombre/ hoy supieras ser Dios". De este panorama de gran fuerza literaria da cuenta un libro excelente, *El salmo fugitivo. Antología de poesía religiosa latinoamericana del siglo XX*. Selección y prólogo de Leopoldo Cervantes-Ortiz. En *El salmo fugitivo* el criterio selectivo es impecable: no se elige a los escritores por su fe desbordada, asunto que es de suponerse analizará Dios en su momento, sino por la originalidad de su registro de lo espiritual, por la belleza formal, por la incorporación de lo divino a lo cotidiano, en seguimiento de la frase (y de la actitud) de Santa Teresa: "Entre los pucheros anda el Señor". Así, Clara Silva (Uruguay, 1905-1976):

Te pregunto, Señor

Te pregunto, Señor,
¿es ésta la hora
o debo esperar que tu victoria nazca
de mi muerte?
No soy como tus santos,
tus esposas,
Teresa, Clara, Catalina,

que el Ángel sostiene en vilo
sobre la oscuridad de la tierra,
mientras tu aliento
tempranamente los madura.

Silva no es una seguidora humilde, sino un ser humano
amparado en la melancolía, la tristeza y "el cuerpo de mi
sombra", y capaz de exclamar:

y el escándalo que hago con tu nombre
para oírme.
y tu amor que revivo en mí cada mañana,
masticando tu cuerpo
como un perro su hueso.

Un ejemplo notable de esta hondura del "nuevo tutearse" con
Dios: Carlos Pellicer (1897-1977). Véase uno de sus *Sonetos
postreros* (mayo de 1952):

Haz que tenga piedad de Ti, Dios mío.
Huérfano de mi amor callas y esperas.
En cuántas y andrajosas primaveras
me viste arder buscando un atavío.

ൟ ൟ

Cervantes-Ortiz (Oaxaca, 1962), estudió Letras, Medicina y
Teología, ha publicado antologías, entre ellas *Lo sagrado y lo
divino. Grandes poemas religiosos del siglo XX* (2002), poemarios
y ensayos de "teología poética". Es un lector infatigable y
agudo y le debo a este libro varios descubrimientos, entre
ellos Clara Silva, la venezolana Ida Gramcko, el ecuatoriano
Fernando Cazón Vera y el nicaragüense Horacio Peña. Sobre
todo, el libro de Cervantes-Ortiz tiene el mérito de integrar
en un panorama a poetas diversos y opuestos y resolver la
contradicción desplegando "el cuerpo a cuerpo" de los
escritores y el Misterio o Lo Sagrado o como se le quiera
nombrar a lo inexplicable, al enigma o la revelación que la

15

poesía no resuelve sino consigna. ("Y quédeme no sabiendo/ Toda ciencia trascendiendo", escribe San Juan de la Cruz). En la búsqueda o la negación o el encuentro con Dios se localiza la antes llamado "inspiración" que ahora es "técnica", término tan precioso o impreciso como se quiera.

Cervantes-Ortiz establece su mapa autoral: "...las mutaciones que experimentó América Latina a lo largo del siglo XX, manifestadas sobre todo por la creciente descatolización, responden también a las características peculiares que han tenido la modernidad y su influjo. Tal vez el progresivo debilitamiento de la religión mayoritaria comenzó a hacerse palpable antes de imponerse la pluralidad religiosa actual, mediante la expresión literaria de las primeras décadas del siglo, en las que se forjó un conjunto valiosísimo de autores que ignoraron por completo las restricciones clericales".

એ⁄ ૭

La muerte y la resurrección de Dios. La fe no nada más presente en las iglesias. La intuición de otras manifestaciones de lo sagrado. El combate con el ángel la noche entera. El descreer como método de la humildad interpretativa. En alguno de estos temas se ubica el trabajo del brasileño Murilo Mendes (1901-1975) y su "Iglesia mujer":

> La iglesia llena de curvas avanza hacia mí,
> Enlazándome con ternura pero quiere asfixiarme.
> Con un brazo me indica el seno y el paraíso.
> Con otro brazo me convoca al infierno...

O la poesía del cubano José Lezama Lima (1901-1976):

> Deípara, paridora de Dios. Suave
> la giba del engaño para ser
> tuvo que aislar el trago del ave,
> el ave de la flor, no el ser del querer.

También hay otra vertiente en esos años, la de la poesía ortodoxas que practican por ejemplo la cubana Dulce María Loynaz o los mexicanos Concha Urquiza (1910-1945) y Manuel Ponce (1913-1994). Urquiza es excepcional en su afán de recuperar la mística en la época de la militancia socialista. Así, en "Sonetos de los Cantares":

> Aunque tan sierva de tu amor me siento
> que hasta la muerte anhelo confesarte,
> bien sé que como Pedro he de negarte
> no tres veces, Señor, tres veces ciento.

જ્જ જ્જ

Una contradicción aparente: los lectores de la poesía religiosa que importa son una minoría notoria frente a las muchedumbres que usan los versos como expresiones rimadas del rosario. Su bien la legión de sacerdotes-poetas ha disminuido severamente (es más fácil hallar curas-videoastas), por casi dos siglos obscurecen a los poetas de primer orden. A cambio de un alud de textos que narran martirios resplandecientes o enloquecimientos amorosos ante el altar, aparecen de vez en cuando obras maestras como *Práctica de vuelo,* el libro de sonetos de Carlos Pellicer:

> Ninguna soledad como la mía.
> Virgen María, dame tu mirada
> para que pueda enderezar mi guía.
>
> Ya no tengo en los ojos sino un día
> con la vegetación apuñalada.
> Ya no me oigo llorar por la llorada
> ansiedad en que estoy, Virgen María.
> De "Ninguna soledad como la mía"

જ્જ જ્જ

Las zonas preferidas de la poesía religiosa están a la vista: la relación personalísima con Dios, Jesucristo y la Virgen; el homenaje a las instituciones eclesiásticas; la transmisión de las atmósferas del culto y del fortalecimiento de la fe. Esta última expresión conoce un auge en las primeras décadas del siglo XX. Así, entre otros muchos de su autor, el poema "Mística" de Francisco González León:

> Ya la nave se llena de sombras,
> la penumbra destiende sus velos,
> la capilla en tinieblas se entolda,
> y es altar donde oficia el misterio.
>
> Como pléyade de oro, los cirios
> en el fondo tremulan sus flamas:
> son los faros que prenden su brillo
> en el fuego de hoguera cristiana.
> El silencio es Señor del recinto,
> sólo emerge, "clarín de protesta",
> el monótono canto del grillo
> que macabro se oculta en las grietas….

అ ఒ

¿Es poesía religiosa la de Ramón López Velarde? En un nivel sí, desde luego, porque López Velarde es un testigo apasionado de su creencia, pero no la rutinaria sino la que incluye el deseo carnal como otra potestad del espíritu:

> He oído la rechifla de los demonios sobre
> mis bancarrotas chuscas de pecador vulgar,
> y he mirado a los ángeles y arcángeles mojar
> con sus lágrimas de oro mi vajilla de cobre.
> De "El perro de San Roque".

అ ఒ

En América Latina la poesía religiosa proviene de modo casi exclusivo del catolicismo, no hay textos importantes de los protestantes, por razones diversas, entre ellos la ausencia de la formación literaria que importan los seminarios católicos sólo interrumpida en la segunda mitad del siglo XX. Y lo que se da de modo creciente es la poesía que dialoga con el ser que a falta de otro nombre sigue siendo Dios, con o sin instituciones, con o sin el respeto tradicional. Así, Jaime Sabines convierte al tráfago del mundo, que todo lo contiene, en un ser que es y no es Jesucristo.

> Para que tú te entregues
> se están dando todas estas cosas,
> para que dejes tu cuerpo usado
> allí en el polvo donde estabas rendido boca abajo y llorabas;
> para que te levantes a los treinta y tres años
> y juegues con tus hijos y con todas las gentes
> en el nombre del padre y del espíritu santo
> en el nombre del huérfano y del espíritu herido
> y en el nombre de la gloria del juego del hombre.
>
> De "Con tu amargura a cuestas"

ᕫ ᕬ

En el orden de lo popular, la poesía religiosa persiste en los cantos guadalupanos (algunos maravillosos al registrar las voces del desamparo genuino), en los himnarios protestantes, en versos que se ocultan de la amnesia. Pero, como esta antología ratifica, el género de la poesía religiosa, así carezca de lectores que merece, continúa por ser una necesidad expresiva de un puñado de grandes poetas.

La luz y la llama: apuntes sobre la poesía de tema religioso en América Latina

A la memoria de don Aristómeno Porras *(Luis D. Salem)*,
ejemplo de sencillez humana y sensibilidad literaria

y mi padre, judío polvoriento,
carga de nuevo las arcas de la ley cuando sale de Cuba
JOSÉ KOZER, "Diáspora"

1. Poesía moderna y religión

La poesía moderna se ha desentendido de lo sagrado de varias maneras. Ya sea por medio de un ataque soterrado a la religión, a las iglesias instituidas y a todo aquello que suene a sagrado, o por la más absoluta indiferencia. La Iglesia, como imagen institucional y vehículo de lo sagrado, encarnaba la incomprensión que las búsquedas artísticas encontraban en los medios ligados a lo religioso. La necesaria emancipación del arte, fruto de los impulsos de la ideología burguesa triunfante en Occidente, logró, en el caso de la poesía, una mayor independencia que le permitió indagar, a su modo, en las profundidades del ser. El grito nietzscheano sobre "la muerte de Dios", anticipado por Jean Paul, evocaba el regreso programático de las divinidades paganas, aunque con otro rostro, muy diferente al del Dios cristiano, cuya larga agonía, literal y simbólica, había ayudado a incubar, también, la agonía del ser humano.

Escribir poesía de tono religioso, para los autores modernos, resultaba impensable, a menos que se hiciera con ironía y con una profunda conciencia de lo sucedido en el ámbito estético. Las imágenes y motivos religiosos son usados, escépticamente, para objetivar la negación de lo religioso. Uno de los temores subyacentes a actitudes como ésta consiste en suponer que la literatura nuevamente volverá a ser vocero de la Iglesia y sus corifeos. Los poetas modernos experimentaron el proceso de secularización como una liberación de los lastres religiosos, no solamente para la vida cotidiana, sino, sobre todo, para la práctica del oficio poético. Al usar el lenguaje religioso como un recurso satírico, enriquecen y complementan su lenguaje con un mecanismo que funcionaba de una manera restringida en la religión pero que entró al circuito polisémico de la poesía, al salir de las limitaciones dogmáticas. Por otro lado, la poesía ha suplantado, desde el romanticismo, la visión sagrada del mundo, pero sin las estrecheces del dogmatismo. En este sentido, la modernidad es una continuación de los impulsos surgidos desde el siglo XVIII que se consolidaron en el siglo XIX.

Según explica Jorge Aguilar Mora, durante el romanticismo, los poetas hispanoamericanos experimentaron la posibilidad ya no del silencio de Dios, sino de su definitiva ausencia, algo que no afectaba solamente su tarea estética:

> Ante la sospecha de que el Dios cristiano sólo fuera una hipótesis, de que la historia ya no estuviera siguiendo los senderos de la providencia, de que los principios morales del catolicismo fueran relativos y sólo relativos… estos poetas vivieron un doble fracaso: la ficción que les daba terror se volvía más ficticia con su propio miedo y la vida verdadera a la que aspiraban terminaba en otra ficción, en la posición desesperada de renunciar a la vida… en vida, llamándola un sueño, doble tragedia de la ficción: la vida como enfermedad y como herida.[1]

Además de sentir que sus creencias se derrumbaban, los poetas románticos tuvieron que transformar su expresión literaria para responder a las fuertes dudas que los aquejaban. Los modernistas, receptores de una estética que ya no cargó con este dilema, se expresaron de forma distinta. Según Aguilar Mora, el problema no era tanto estético, sino moral, puesto que para un *poeta-puente* como Martí, "sólo había una moral:

---

[1] J. Aguilar Mora, "La muerte de Dios", en *Biblioteca de México*, núm. 54, noviembre-diciembre de 199, pp. 4-5.

la moral trágica del hombre, y la fuente de sus valores no era el maniqueísmo cristiano, sino el poder del hombre para abarcarlo todo, para demostrar su capacidad visceral, natural, de abarcar el mundo para ser aceptado por ese mismo mundo".[2] En otras palabras, la dualidad vital introducida por el dominio cristiano de las conciencias en Hispanoamérica iba a ser sustituida, en la poesía, por una visión más uniforme de la vida y del mundo. Había que vivir en un mundo unívoco, donde ya no era necesaria la hipótesis de Dios. Podía desaparecer, así, la doble ficción que enfrentaron los románticos.

El tema teológico-filosófico de *la muerte de Dios* no fue trabajado en la poesía latinoamericana de vanguardia de la misma forma que en Europa. Por las características propias del continente, que no deja de manifestarse en los movimientos literarios, el tratamiento del tema adquirió un tono peculiar. Ejemplo de ello es la poesía de César Vallejo, que ya desde *Los heraldos negros* se monta sobre algunos episodios de la *historia sagrada* y, mediante un lenguaje semiblasfemo, transforma los resabios de la expresión modernista en algo muy diferente, a caballo entre dicha corriente y como sin decidirse a ser plenamente vanguardista. Rafael Gutiérrez Girardot ha demostrado cómo Vallejo no fue el poeta sin suficiente conciencia crítica que algunos han querido ver.[3] Lo cual importa mucho porque el lenguaje de Vallejo, tan lleno de alusiones religiosas, es una especie de puente entre el modernismo galopante latinoamericano y la irrupción de las vanguardias, pero situado en ese plano conscientemente. La crucifixión de Jesús, uno de sus motivos poéticos en *Los heraldos negros*, entronca con el romanticismo en su intento por recrear la historia con una mirada infantil y asumir el privilegio (en una especie de blasfema *Imitación de Cristo*) "de ser Cristo o el mal ladrón,

---

[2] *Ibid*, p. 6. Véase Reinerio Arce, *Religión: poesía del mundo venidero*. Quito, Ediciones CLAI, 1996.

[3] R. Gutiérrez Girardot, "César Vallejo y 'la muerte de Dios'", en *Cuestiones*. México, FCE, 1994, p. 47. En 2000, Gutiérrez publicó un libro con el título de este ensayo.

de repartir calvarios y cruces, coronas de espinas y penas, de designar en cada caso a quién toca el papel de María como madre o como amada, de la Magdalena como amada o como hermana, del padre que ausculta, como José, la huida a Egipto y de las otras máscaras en el sombrío Viernesanto, mezclado de Jueves Santo pero sin esperanza de Pascua de Resurrección".[4] Así, *Los heraldos negros*

> no es la expresión de una religiosidad criolla o chola, pero tampoco una manera de rescatar para un trivial dolorismo cualquiera solemnidad de Dios y del Viacrucis de Jesús, el intento de rescatar a Dios de las cadenas con las que lo han atado los filósofos para hacer de él un Dios que también sufre, que se sienta a la mesa con la familia o en el café con los amigos y que comparte con los hombres las penas cotidianas. Vallejo no fue un pobre teólogo existencial de Santiago de Chuco, y si en su poesía hay algo de teología, ésa es, más bien, la que discutió con hondura y con pasión humana Manuel González Prada […] La repetición del Gólgota en *Los heraldos negros*, ese fúnebre juego de inocencia infantil, está más allá de cualquier preocupación de teología doméstica.[5]

Gutiérrez Girardot es tajante en este punto, porque, además, aleja a Vallejo de las interpretaciones que, sin dejar de tener razón acerca de las claras influencias vanguardistas de Vallejo (por ejemplo, Mallarmé en "Los dados eternos"), no comprenden bien de qué profundidades brotaron sus expresiones ligadas a lo religioso, y las relacionan muy directa, y casi gratuitamente, con filósofos como Nietzsche. Por ello, afirma:

> Como en los poetas y filósofos que lo antecedieron, en Vallejo la experiencia de este acontecimiento, la 'muerte de Dios', no constituye un postulado de ateísmo. Vallejo, de quien Thomas Merton ha dicho con certeza que "es un gran poeta escatológico, con un sentido profundo del fin y, además, de los nuevos comienzos (acerca de los que no se expresa)" y quien rechazaba todo lo conceptual, no pretende demostrar la verdad o la falsedad de una fórmula o la existencia

---

[4] *Ibid,* pp. 50-51.

[5] *Ibid,* pp. 51-52.

o inexistencia de Dios. Sus cuadros de la Crucifixión carecen de teología, porque son la negación de toda teología con sus órdenes lógicos […] Él no las concibe [las escenas de la crucifixión] como una refutación o como un postulado, sino como la desnuda expresión de una experiencia, esto es, la del hecho histórico de la "muerte de Dios" que lloran los "vagos arciprestes" y que acontece "ya lejos para siempre de Belén".[6]

El tema de Dios, aunque se desfigura bastante en sus últimos libros, no deja de ser una constante, incluso desde el título de uno de ellos: *España, aparta de mí este cáliz*. Pero será en *Trilce* donde llegará a alturas impensables para cualquier otro esfuerzo vanguardista de la época, sobre todo si se toma en cuenta que en Vallejo ninguna de sus expresiones acerca del tema proceden de una posé esnobista o esteticista, algo que sí se puede afirmar acerca de otras propuestas. "Espergesia", el famoso último poema de *Los heraldos...* anuncia lo que vendrá en *Trilce*, que con sus imágenes descoyuntadas representa la "infinita noche sin Dios". Allí, Vallejo experimentará la libertad lingüística total, de tono vanguardista, pero relacionada también con la libertad de quien vive en el "mundo al revés", de alguien desamparado que sigue viviendo tras la muerte de Dios. El dislocamiento del lenguaje manifiesta la disonancia y la desfiguración del mundo sumido en la noche infinita de la muerte de Dios.[7]

Por lo anterior, la respuesta a la pregunta sobre una poesía *religiosa* en el siglo XX no puede ser más que ambigua, pues en términos estrictos esta poesía dejó de existir, dado que el desarrollo cultural y literario hizo que tuviera un carácter muy distinto al de siglos anteriores. La temática religiosa sigue presente y muy viva, pero con la interrogación producida por la duda y el desgaste de las instituciones. La poesía religiosa militante ha tenido que enfrentar, no siempre con humildad,

---

[6] *Ibid*, pp. 54-55.

[7] Cf. Ramón Xirau, "César Vallejo: zozobra, ruptura, sacralidad", en *Dos poetas y lo sagrado*. México, Joaquín Mortiz, 1980, pp. 66-107; y L. Cervantes-Ortiz, "Vanguardia y cristianismo en la poesía de César Vallejo", en *Signos de Vida*, Quito, Ecuador, núm. 21, septiembre de 2001, pp. 35-38.

el hecho de que autores/as abiertamente ateos sean quienes mejor plantean el problema de lo sagrado y sus manifestaciones. Gabriel Zaid ha sido muy sensible a esta situación y ha escrito acerca de lo que denomina "nostalgia del integrismo", con una mirada crítica sobre las autoridades religiosas.[8] Zaid sigue muy de cerca la huella de Eliot, quien no se engañó acerca de la posibilidad del retorno triunfalista de una *cultura religiosa*.[9] Por ello, quizá, cuando un antologador con alguna filiación confesional acomete la tarea de reunir poemas de tema religioso, se ve abrumado por la producción mayoritaria de autores, por lo menos, agnósticos. Lejos están los tiempos en que la situación era al revés. Al predominio de esta cultura católica le siguió, pues, un panorama donde los artistas o escritores se convirtieron en los heterodoxos visibles, en guardianes de la espiritualidad deformada por la religión oficial, pues como advirtió Sartre, "sacado del catolicismo, lo sagrado se posó en las bellas letras y apareció el hombre de pluma, sustituto del cristiano"[10] y la religión se convirtió en un "boceto".

En este terreno, las mutaciones que experimentó América Latina a lo largo del siglo XX, manifestada sobre todo por la creciente descatolización, responden también a las características peculiares que han tenido la modernidad y su influjo. Tal vez el progresivo debilitamiento de la religión mayoritaria comenzó a hacerse palpable, antes de imponerse la pluralidad religiosa actual, mediante la expresión literaria de las primeras décadas del siglo, en las que se forjó un conjunto valiosísimo de autores que ignoraron por completo las restricciones clericales. De ese modo, muchos poetas fueron más allá del manejo

---

[8] G. Zaid, "Muerte y resurrección de la cultura católica", en *Ensayos sobre poesía*. México, El Colegio Nacional, 1993 (Obras, 2), pp. 297-343, ensayo preliminar del libro *Tres poetas católicos*, dedicado a López Velarde, Pellicer y Manuel Ponce. En "Orígenes ignorados", *Letras Libres*, núm. 6, junio de 1999, p. 31, es muy explícito: "¿Por qué hay más inquietudes religiosas en los medios culturales que inquietudes culturales en los medios religiosos? ¿Por qué la Iglesia, que hasta hace unos cuantos siglos era la cultura misma: el lugar de la creatividad en la música, las artes plásticas, el teatro, la literatura, la filosofía, la ciencia, ya no lo es? [...] Una fe que no produce cultura acaba subordinada a las creencias de quienes sí la producen".

[9] Cf. T.S. Eliot, *Notas para una definición de la cultura*. Trad. de Félix de Azúa. Barcelona, Bruguera, 1984.

[10] Cit. por R. Gutiérrez Girardot, *Modernismo*, p. 7.

simbólico de los modernistas, quienes se adueñaron de las figuras religiosas para darles otro sentido y proyección. Así, la heterodoxia explotó libremente en la literatura como después lo haría en la vida social, pues los sentimientos religiosos, siempre vitales, han encontrado, incluso en la posmodernidad, la manera de manifestarse, como se aprecia en el poema "Auto (remake del Coro V de *The Rock* de T.S. Eliot)", del peruano Mario Montalbetti, que concentra el desencanto, la ironía y los aires de blasfemia en un formato de plegaria que se niega a renegar de la tradición.

2. Antecedentes y contextos

Al intentar un panorama de la poesía latinoamericana en busca del elemento religioso, son varias las expectativas, sorpresas y contradicciones que se encuentran en el camino. Primero, porque se da por sentado que lo religioso o lo sagrado está presente en dicha poesía sin lugar a dudas. Y es que, como resultado de la evolución histórica, cultural e ideológica del continente se supondría que el sustrato religioso es uniforme y se vive con la misma intensidad. Sólo que esta idea es obligada a matizarse apenas se observa con cierto detenimiento el trato de los y las poetas latinoamericanos con lo sagrado, la fe o la religión. Segundo, porque la influencia formal e ideológica de las vanguardias en épocas tan tempranas como el modernismo, hizo que esta poesía asumiera un cierto aire de cinismo y nostalgia alcanzando un grado profundo de desencanto, como siempre, en relación con las instituciones religiosas, aunque con una nostalgia del trato con lo sagrado.

Anteriormente proliferaban antologías de poesía religiosa española que ocasionalmente incluían autores hispanoamericanos.[11] Una de las más representativas, aunque no dedicada

---

[11] Como ejemplos, pueden mencionarse las siguientes: José María Pemán y Miguel Herrero, *Suma poética: amplia colección de la poesía religiosa española*. Madrid, Biblioteca de Autores Cristianos, 1944; Leopoldo de Luis, *Poesía española contemporánea: antología (1939-1964): poesía religiosa*. Madrid, Alfaguara, 1969; Roque Esteban Scarpa, *Poesía religiosa española*. Santiago de Chile, Ediciones Ercilla, 1941; Lázaro Montero, *Poesía religiosa española, antología*. Zaragoza, Ebro, 1960; y, por supuesto, la *Antología de poesía cristiana. (Siglos XII al XX)*, Terrassa (Barcelona), CLIE, 1985.

sólo a este continente, es la de Emilio del Río (1964).[12] *Dios en la poesía actual*, de Ernestina de Champourcin (1976) documenta algunos de estos esfuerzos y califica a algunos de incompletos.[13] Ella misma, al integrar poetas hispanoamericanos, abre con Rubén Darío y Amado Nervo (al lado de los "modernistas" españoles) y culmina con Ernesto Cardenal. No obstante, el panorama que presenta es amplio y su combinación de poetas españoles e hispanoamericanos fue aleccionadora. Las antologías continentales han sido un tanto escasas, y las nacionales no tanto, aunque su énfasis es más bien confesional o ideológico.[14]

Hombre y Dios. II. Cien años de poesía hispanoamericana, de Pilar Maicas García-Asenjo y María Enriqueta Soriano P.-Villamil (1996),[15] incluye más autores. Forma parte de un proyecto en tres volúmenes que abarca la poesía española y europea. Su criterio temático, así como la perspectiva un tanto eclesiástica, impiden apreciar las aportaciones específicas de los poetas incluidos, aun cuando manifiesta interés por los poemas más representativos del continente. Cronológicamente, va de José Martí a Raúl Zurita. Sea por información limitada o falta de atrevimiento, las generaciones recientes aparecen poco representadas. Entre las antologías regionales sobresale *Las armas de la luz. Antología de la poesía contemporánea de América Central,* de Alfonso Chase (1985),[16] minuciosa compilación que rescata obras ubicadas en un espectro ideológico bien determinado, pero que documenta muy bien

---

[12] E. del Río, *Antología de la poesía católica del siglo XX.* Madrid, A. Vasallo, 1964. En este volumen aparecen fragmentos del *Libro de Horas* de Pablo Antonio Cuadra.

[13] E. de Champourcin, *Dios en la poesía actual. Selección de poemas españoles e hispanoamericanos.* 3a. ed. Madrid, Biblioteca de Autores Cristianos, 1976.

[14] Arnulfo Vigil armó con escasa fortuna una *Antología de poesía cristiana en América Latina* (México, Claves Latinoamericanas, 1990), pues incluyó poetas marginales y escasos nombres importantes, ubicados todos en una perspectiva ideológica limitada.

[15] P. Maicas García-Asenjo y M.E. Soriano P.-Villamil *Hombre y Dios. II. Cien años de poesía hispanoamericana.* Madrid, Biblioteca de Autores Cristianos, 1996. La introducción general y las introducciones a cada sección estuvieron a cargo de Antonio Lorente Medina.

[16] A. Chase, *Las armas de la luz. Antología de la poesía contemporánea de América central.* San José de Costa Rica, Departamento Ecuménico de Investigaciones, 1985.

el tema religioso en una época convulsa de la historia centro-americana.[17] Otra recopilación interesante es la de poesía judía latinoamericana llevada a cabo por Santiago Kovadloff.[18]

La variedad de la presente selección intenta reflejar la multiforme preocupación por lo sagrado que ha estado presente en los poetas latinoamericanos. Ante la modernidad, algunos de ellos opusieron su oficio como una reacción personal a los dilemas planteados (Darío, López Velarde), otros se subieron al novedoso tren y ensayaron búsquedas heterodoxas sin olvidar sus orígenes (Tablada, Vallejo). Otros más, ya plenamente modernos, aplicaron las lecciones del nuevo modo de hacer para interrogar a su tradición críticamente (Borges, Lezama Lima, Paz) y abrieron la senda para los poetas posteriores.

Esta antología rastrea la isotopía religiosa en el corpus poético latinoamericano del siglo XX, de ahí que debe inscribirse,

---

[17] Acerca de la poesía centroamericana, véase Horacio Peña, "Los mil rostros de Dios en la poesía centroamericana", en *Pensamiento Centroamericano*, San José de Costa Rica, vol. 48, núm. 221, octubre-diciembre de 1993, pp. 30-53.

[18] S. Kovadloff, "Poesía judía en lengua española", en E. Toker, pról. y sel., *Panorama de la poesía judía contemporánea. Celebración de la palabra*. Buenos Aires, Mila'-Editor, 1989, pp. 143-200. Sin ánimo de exhaustividad, otras antologías dignas de mencionarse son: en Argentina, Roque Raúl Aragón *La poesía religiosa argentina*. Buenos Aires, Ediciones Culturales Argentinas, 1967; y Arturo López Peña, *Poesía argentina de inspiración religiosa. Antología*. Buenos Aires, Ministerio de Cultura y Educación-Ediciones Culturales Argentinas, 1992. En Brasil, Jamil Almansur Haddad, *O livro de ouro da poesia religiosa brasileira*. Río de Janeiro, Ediçõs de Ouro, 1966. En Chile, *Antología de poesía religiosa chilena*. Santiago, Facultad de Letras, Centro de Estudios de Literatura Chilena, Ediciones Universidad Católica de Chile, 1989 y 2000. (Este libro abarca desde la época precolombina hasta el siglo XX.) En Colombia, Margarita de Belén, *La poesía religiosa granadino colombiana*. Bogotá, 1960, y Federico Díaz-Granados, *Poemas a Dios*. Bogotá, Planeta, 2001. En México, el mejor esfuerzo es el del sacerdote Carlos González Salas, *Antología mexicana de poesía religiosa; siglo veinte*. México, Jus, 1960, pues recorre el siglo combinando nombres reconocidos con otros del ámbito eclesiástico que recibieron difusión muy limitada. En 1997, Jorge Eugenio Ortiz Gallegos publicó una antología breve pero muy valiosa *(Poesía religiosa mexicana. Siglo XX*. México, Delegación Iztapalapa, 1997 (Lajas de papel, 1). Raymundo Ramos es, hasta el momento, el más reciente antologador de esta materia: su *Deíctico de poesía religiosa mexicana* (Buenos Aires, Lumen, 2003), abarca desde la Colonia hasta nuestros días, aunque no recoge poemas de autores de generaciones recientes, pero rescata del olvido nombres poco reconocidos por la crítica.

necesariamente, en el espectro o como un derivado de las antologías de la poesía latinoamericana en general, pues revisa, de otra manera, la producción poética del continente. El *tratamiento* de lo religioso es el eje que estructura la selección, pues a partir de los "fundadores", es posible articular una nómina que abarque poemas de autores poco favorecidos por las antologías aunque de calidad innegable.

Así, junto a los autores "canónicos" (Darío, López Velarde, Tablada, Mistral, Vallejo, De Andrade, Huidobro, Pellicer, Borges, entre los más antiguos) y de quienes consolidaron la poesía posterior (Gorostiza,[19] Villaurrutia, Neruda, Guillén, Lezama Lima, Molina, Paz, Parra, entre otros), se ubican Fernando Paz Castillo, Pablo de Rokha y Evaristo Ribera Chevremont, dentro del primer bloque, y Francisco Luis Bernárdez, Dulce María Loynaz, Germán Pardo García, Jorge Carrera Andrade, Clara Silva, Sara de Ibáñez, Óscar Cerruto, Vinicius de Moraes y Francisco Matos Paoli, en el segundo. Silva le advierte a Dios que su misticismo es diferente al de la antigüedad, pues está anclado en la cotidianidad, y que exige su atención: "No soy como tus santas,/ tus esposas,/ Teresa, Clara, Catalina,/ que el Ángel sostiene en vilo/ sobre la oscuridad de la tierra, mientras tu aliento/ tempranamente las madura [...] Soy como soy/ yo misma,/ la de siempre,/ con esta muerte diaria/ y la experiencia triste/ que guardo en los cajones/ como cartas;/ con mi pelo, mi lengua, mis raíces,/ y el escándalo que hago con tu nombre/ para oírme;/ y tu amor que revivo en mí cada mañana,/ masticando tu cuerpo/ como un perro su hueso".

León Felipe ocupa un lugar especial, pues el grueso de su obra lo produjo en el exilio. Su voz desgarradora asume el problema religioso y humano con una fe ambigua que se retuerce entre la blasfemia, la ternura y el profetismo de corte bíblico. Es justamente el tema del exilio donde este poeta se manifiesta como un *salmista* contemporáneo, pues, como escribe Luis N. Rivera-Pagán, "eleva la derrota de la República a cumbres de tragedia

---

[19] Sobre las raíces bíblicas, religiosas y filosóficas de *Muerte sin fin*, véase Evodio Escalante, *José Gorostiza: entre la redención y la catástrofe*. México, UNAM-Juan Pablos, 2001.

metafísica con honduras religiosas. El poeta, sin patria ni hogar, puede mirar, despojado de falsas y superficiales ilusiones, la insondable soledad humana y cantar el salmo de las tristezas y las esperanzas. La desventura española se transmuta en parábola del universal llanto humano, a cuyo canto dedica el poeta su vida de caminante".[20]

Los grandes poetas fundadores (para usar la terminología de Saúl Yurkievich) asumieron y trabajaron el tema religioso desde la perspectiva de una superioridad artificiosa, acaso con la excepción, quién lo diría, de Huidobro. Vallejo sería el ejemplo de una voz honda y sincrética que no sólo recicló formalmente la tradición sino que increpó a lo sagrado con una enorme autenticidad. Borges siguió otro camino desde su increencia marcada por la melancolía de una fe infantil que nunca lo dejó en paz. Lezama traduce en sus alucinaciones lingüísticas una fe por momentos lúcida y por momentos atormentada.

Paz encarnó como pocos la figura del poeta moderno y sus poemas sobre Dios muestran que, habiendo abrevado directamente en las vanguardias, el tratamiento de dicho tópico manifiesta su apropiación del asunto. Igual que Cernuda, concebía su obra poética como una *biografía espiritual*. Prófugo del catolicismo convencional, como Vallejo, no dejó de pensar en la divinidad, ajeno como estaba ya a cualquier marco dogmático o doctrinal. Su poema "El ausente" se centra en el tema de la sangre, remitiendo al sacrificio, simultáneamente prehispánico y cristiano. Dios es insaciable, sediento y vacío, y está ligado, indisolublemente, a la barbarie de los sacrificios. El sacrificio de Dios, la muerte del creador que concentra en sí misma el camino de esas sangres derramadas. Acaso los años terribles de la guerra influyeron en el poeta para expresarse así, queriendo ver en la muerte la negación

---

[20] L.N. Rivera-Pagán, "Entre el llanto y la luz: imágenes bíblicas en la poesía del exilio latinoamericano de León Felipe", en *Mito, exilio y demonios. Literatura y teología en América Latina*. San Juan, Publicaciones Puertorriqueñas, 1996, pp. 84-85.

total de ese Dios heredado. Además, no hay que olvidar sus reflexiones sobre "la revelación poética" en *El arco y la lira:*

> La palabra poética y la religiosa se confunden a lo largo de la historia. Pero la revelación religiosa no constituye —al menos en la medida en que es palabra— el acto original sino su interpretación. En cambio, la poesía es revelación de nuestra condición y, por eso mismo, creación del hombre por la imagen. La revelación es creación. El lenguaje poético revela la condición paradójica del hombre, su "otredad" y así lo lleva a realizar lo que es. No son las sagradas escrituras de las religiones las que fundan al hombre, pues se apoyan en la palabra poética. El acto mediante el cual el hombre se funda y revela a sí mismo es la poesía. […] la religión interpreta, canaliza y sistematiza dentro de una teología la inspiración, al mismo tiempo que las iglesias confiscan sus productos. La poesía nos abre la posibilidad de ser que entraña todo nacer; recrea al hombre y lo hace asumir su condición verdadera […][21]

La palabra poética: coincidentemente es el mismo concepto que utilizó el teólogo Karl Rahner para referirse al *entrenamiento* que requiere el oído humano para captar la palabra divina. Según él, saber oír la palabra poética de los grandes autores capacita, ejercita y otorga la gracia para escuchar adecuadamente el mensaje divino.[22]

A estas alturas, es posible plantear algunos nombres y escrituras casi paradigmáticas. Pueden mencionarse las escrituras de Pablo

---

[21] O. Paz, *El arco y la lira.* [1956] 3a. ed. México, FCE, 1972, pp. 155-156. Paz sigue muy de cerca las reflexiones de María Zambrano en *El hombre y lo divino.* Además, Paz escribe sobre "la muerte de Dios" en *Los hijos del limo: del romanticismo a la vanguardia.* 3ª ed. ampliada. Barcelona, Seix-Barral, 1981, pp. 73-80.

[22] K. Rahner, "La palabra poética y el cristiano", en *Escritos de teología.* Tomo IV. Madrid, Taurus, 1961, p. 460. Rahner escribió más sobre el tema en "Sacerdote y poeta", *Escritos de teología.* Tomo III. Madrid, Taurus, 1961, pp. 331-354. Javier Sicilia sigue esta orientación en *Poesía y espíritu* (México, UNAM, 1998), donde afirma, por ejemplo: "Cada obra maestra es así un retorno al sentido, es decir, al fundamento de la lengua y, en consecuencia, una develación de la palabra Divina. En la poesía el mundo recupera su sacralidad y su infinito, y nuestra lengua su condición espiritual", pp. 47-48.

Antonio Cuadra, Nicanor Parra y Mario Benedetti. Cuadra es un modelo de poeta-creyente perfectamente consciente de sus responsabilidades como poeta-crítico. La manera en que rescató la religiosidad popular nicaragüense e intentó el diálogo con la espiritualidad ancestral tiene vigencia para quienes deseen explorar esos espacios.[23] Algo similar ocurre con el boliviano Óscar Cerruto, cuyo poema "Los dioses oriundos" es una celebración del mundo redivivo de las deidades antiguas. Parra y su anti-poesía representan el punto de partida de una poesía escéptica, sarcástica, que ha creado toda una escuela en el continente. Benedetti es el poeta *comprometido* que voltea su mirada para reclamar a Dios la mala leche con que ha escogido a sus representantes. Roque Dalton, en esa línea, es una figura emblemática, aunque otros nombres, como el guatemalteco Roberto Obregón, encarnan mejor la síntesis que simbolizan estas búsquedas.

Los poetas-sacerdotes, influidos por la teología de la liberación o no, como en el caso de Ernesto Cardenal, constituyen una tradición en sí mismos. Su presencia constante, a veces de origen ibérico, ha aportado a la poesía continental voces nada despreciables. Allí están para constatarlo Ángel Martínez Baigorri, maestro de Cuadra y Cardenal, Ángel Gaztelu en Cuba y, más recientemente, el obispo catalán Pedro Casaldáliga en Brasil. Otros autores importantes son, en Chile, José Miguel Ibáñez Langlois, y en Argentina, Osvaldo Pol.[24] La labor de estos poetas pone en práctica algunos postulados del teólogo alemán Karl Rahner.[25]

---

[23] Tal vez el libro que mejor ejemplifica el trabajo poético de Cuadra en este sentido sea *Libro de Horas,* sobre todo en la edición definitiva, publicada en Venezuela en 1996. Una primera versión apareció en 1964 en la *Antología de la poesía católica del siglo XX,* de E. Del Río.

[24] Cf. las siguientes antologías: Ernestina de Champourcin, *Dios en la poesía actual. Selección de poemas españoles e hispanoamericanos.* 3ª ed. Madrid, BAC, 1976.; y P. Maícas García-Asenjo y M.E. Soriano P.-Villamil, *Hombre y Dios. II. Cien años de poesía hispanoamericana.* Madrid, BAC, 1996.

[25] K. Rahner, "Sacerdote y poeta", en *Escritos de teología. III. Vida espiritual-sacramentos.* Madrid, Taurus, 1961, p. 353: "Y el poeta llama al sacerdote. Las protopalabras que el poeta dice son palabras de anhelo. Nos hablan algo plástico, concreto, denso; lo plástico irrepetible que apunta más allá de sí, lo próximo que acerca la lejanía. Sus palabras son cual puertas, bellas y firmes, claras y seguras,

En esta línea, debe mencionarse a Ángel Darío Carrero, poeta puertorriqueño, franciscano, que en *Llama del agua* ha plasmado una religiosidad mística atenta a lo que sucede a su alrrededor.

3. La poesía de autores protestantes

Otra veta presente en América Latina, que aún espera ser descubierta y explorada es la poesía marginal, esto es, la producida por autores protestantes. En el ambiente evangélico la poesía siempre tuvo buenos cultivadores, pues todas las revistas incluían secciones literarias y el uso que se hacía de la poesía en diversas celebraciones era proverbial. La nómina de autores relevantes incluye, entre otros, a Laura Jorquera, Sante Uberto Barbieri, Gonzalo Báez-Camargo, Ángel Mergal, Francisco Estrello y *Luis D. Salem* (Aristómeno Porras), entre otros. Sus poemas circulaban con profusión en las iglesias y comunidades de mediados de siglo. Por ejemplo, *En comunión con lo eterno*, la antología recopilada por Estrello, fue ampliamente utilizada en los campamentos de todo el continente. Algunos, como Barbieri y Báez-Camargo, nunca dejaron de publicar poemas y tuvieron estrecho contacto personal. El caso de Báez-Camargo es muy notable, pues fue miembro de la Academia Mexicana de la Lengua. Salem llevó a cabo un recuento de los principales escritores protestantes.[26] El pastor y teólogo español Claudio Gutiérrez Marín llevó a cabo una importante recopilación temática de poesía cristiana publicada en México, la cual incluye autores españoles de todas las épocas y algunos hispaoamericanos.[27]

---

pero puertas abiertas a lo infinito, sin medida. Llaman lo innominado, se alargan a lo inasible. Son actos de fe en el espíritu y en la eternidad, actos de esperanza en una plenitud que ellas no pueden darse a sí mismas, actos de amor a los bienes desconocidos".

[26] L.D. Salem, *La palabra escrita*. México, Casa Unida de Publicaciones, 1991.

[27] Cf. C. Gutiérrez Marín, ed., *Lírica cristiana*. México, Publicaciones de la Fuente, 1961. Estas palabras del prólogo merecen citarse: "España y la América Española cuentan en su haber con una brillante pléyade de poetas cristianos. Desde los albores de la literatura hispana, amparada en el calor del Templo, hasta nuestros días no han enmudecido los cánticos de los poetas y al poesía épica, lírica o dramática, con sus matices múltiples, engalana y hermosea as páginas de su literatura. América, unida a España por vínculos de Fe y de lenguaje, no siempre bien comprendidos ni valorizados, se ha incorporado al ritmo de esa proyección poética formando un todo con ella deigno de reconocimiento y alabanza" (p. 7).

La himnología tampoco ha sido ajena a esta veta, motivo por el cual se han incluido aquí algunos himnos de Vicente Mendoza, metodista mexicano, cuya labor es todavía hoy una referencia obligada; además, aparecen otras muestras de los obispos metodistas Federico Pagura y Mortimer Arias, argentino y uruguayo, respectivamente. En 1979 apareció *Poesía y vida,* una antología de poemas mayormente publicados en la revista *Certeza,* reconocida como una iniciativa de diálogo con la cultura latinoamericana. Uno de los autores incluidos, el salvadoreño Julio Iraheta Santos ha evolucionado con los años y actualmente es uno de los poetas con mayor prestigio. En Costa Rica han surgido otros nombres importantes como Eduardo Retana y Carlos Bonilla, y en Ecuador, George Reyes. Lamentablemente, la tradición literaria protestante se ha visto disminuida en los últimos lustros, pues las nuevas generaciones no han recibido el estímulo que se advertía en otras épocas en las iglesias e incluso en los seminarios teológicos. No obstante, en Internet existen algunas páginas que pueden ayudar a subsanar esta carencia.

En los años 70 y 80 hubo varios intentos por acercar la producción poética a los nuevos movimientos teológicos. Son dignos de mencionarse, entre ellos, los trabajos de Sergio Arce (tras las huellas de León Felipe), Raúl Macín y Juan Damián, por citar algunos, quienes en el marco del debate ideológico y eclesial de entonces escribieron poemarios-manifiestos con una tendencia profética militante y ecuménica.[28] Cercanos a esa línea, Julia Esquivel y Rubem Alves se orientaron no sólo hacia la denuncia sociopolítica sino a una forma de profundización en realidades poco expresadas en el campo religioso protestante. Así, Esquivel escribió *El Padrenuestro desde Guatemala,* un gran poema que canta la tragedia de dicho país en los años más difíciles de los gobiernos militares.[29] Recientemente ha sido incluida en uno de

---

[28] Cf. S. Arce, *El salmo robado.* México, Centro Nacional de Comunicación Social, 1977; R. Macín, *A la muerte de la muerte.* México, Centro Nacional de Comunicación Social, 1977; *Idem,* México, ISAL, s.f.; y J. Damián, *Este nuestro pueblo. Poemas proféticos.* Lima, Centro de Estudios y Publicaciones, 1975.

[29] J. Esquivel, *El Padrenuestro desde Guatemala y otros poemas.* San José de Costa Rica, Departamento Ecuménico de Investigaciones, 1981.

los volúmenes de la *Trilogía poética de las mujeres en Latinoamérica y España*. Alves, uno de los pioneros de la teología de la liberación protestante, y que por ello mismo comenzó en el terreno de la lucha ideológica, derivó hacia una poesía dominada por el asombro del mundo.[30] La poesía de ambos es testimonio de una visión humana madurada largamente en medio de la amargura y el descubrimiento de nuevas formas de vivir la fe. Alves llegó a la poesía luego de un peregrinaje existencial que lo obligó a expresarse siguiendo la estela de Eliot en relación con la oración: "La palabra que dice nuestra verdad no habita en nuestro saber./ Fue expulsada de la morada de los pensamientos./ Su apariencia era extraña, daba miedo./ Ahora habita en poros,/ pero en el fondo:/ lejos de lo que sabemos,/ allí, donde no pensamos,/ al abrigo de la luz diurna,/ en el lugar de los sueños,/ suspiros sin palabras".[31]

Esquivel, después de reescribir el Padrenuestro en una clave distinta desde el exilio, en los peores años del militarismo guatemalteco, escribe ahora una poesía de orientación mística, pero siempre con los ojos puestos en la tragedia humana. Sus palabras son sencillas pero efectivas: "Quiero ser tu pañuelo, Señor,/ limpio, suave, pulcro, fuerte,/ listo siempre/ entre tus manos que sanan […] Y si te crucifican otra vez/ y necesitas mortaja,/ puedes convertirme en sudario…/ o en la bandera blanca de tu resurrección". Uno de sus libros fue prologado por Luis Cardoza y Aragón.[32]

4. Palabras últimas

Con lo expuesto hasta aquí puede apreciarse que la temática religiosa sigue muy viva en la poesía latinoamericana, aun cuando la crítica especializada no le presta mucha atención. En el campo religioso la situación no es muy distinta, aun cuando se registran

---

[30] Cf. *Pai Nosso* (São Paulo, Paulinas, 1987), uno de los libros paradigmáticos de Alves, donde se acerca a la corriente denominada *teopoética*.

[31] Cf. L. Cervantes-Ortiz, *Series de sueños. La teología ludo-erótico-poética de Rubem Alves*. México-Quito, Centro Basilea de Investigación y Apoyo-CLAI-Lutheran School of Theology at Chicago-UBL, 2003. En portugués: *A teologia de Rubem Alves: poesia, brincadeira e erotismo*. Campinas, Papirus, 2005.

[32] Se trata de *Florecerás Guatemala*. México, Casa Unida de Publicaciones, 1989.

algunas excepciones notables, como las jornadas de estudio convocadas por el celam en octubre de 1988, en las que participaron poetas como Zaid, Juarroz, Fernando Charry Lara y Darío Jaramillo,[33] o algunos artículos sueltos. Además, no hay que olvidar que una tendencia teológica reciente es la *teopoética*, es decir, la elaboración de un discurso teológico elaborado en un lenguaje literario,[34] pero hace falta profundizar más en las relaciones entre teología y literatura, y viceversa. Los temas, tópicos y constantes que manifiestan el fecundo encuentro entre poesía y religión aparecen, en la poesía popular, por ejemplo, en los cantos *a lo divino*, en la gran cantidad de *Padresnuestros* que se han producido en el continente, o en la *poesía guadalupana*, entre otros asuntos.[35]

---

[33] Cf. Varios autores, *Presencia de Dios en la poesía latinoamericana. Dios siempre vivo*. Bogotá, celam-Pontificia Universidad Javeriana, 1989.

[34] Cf. Rubem Alves, "Theopoetic: longing and liberation", en L. Getz y R. Costa, eds., *Struggles for solidarity*, 1992, pp. 159-171; y Gustavo Gutiérrez, "Lenguaje teológico: plenitud del silencio", en *La densidad del presente*. Salamanca, Sígueme, 2003, pp. 41-70.

[35] Sobre el Padrenuestro, véase José Antonio Carro Celada, *Jesucristo en la literatura española e hispanoamericana del siglo XX*. Madrid, BAC, 1997, pp. 71-73, y sobre la poesía guadalupana, Joaquín Antonio Peñalosa, *Flor y canto de la poesía guadalupana. Siglo XX*. México, Jus, 1984.

Debo agradecer el apoyo de Sara Ávila Forcada y Rubén Arjona, quienes generosamente contribuyeron con bibliografía inaccesible durante su estancia en Estados Unidos. No puedo dejar de mencionar la simpatía, el entusiasmo y el acompañamiento de Victorio Araya, Ángel Darío Carrero, Edmundo Retana, Alejandro Querejeta, Luis Rivera-Pagán y George Reyes, quienes de diversas maneras se sumaron al proyecto y generosamente aportaron sugerencias, materiales y contactos.

Para Rocío, Helena y Leopoldo, este nuevo peregrinaje poético

Rubén Darío

Nicaragua (1867-1916)

Charitas

A Vicente de Paul, nuestro Rey Cristo
con dulce lengua dice:
—Hijo mío, tus labios
dignos son de imprimirse
en la herida que el ciego
en mi costado abrió. Tu amor sublime
tiene sublime premio: asciende y goza
el alto galardón que conseguiste.

El alma de Vicente llega al coro
de los alados ángeles que al triste
mortal custodia: eran más brillantes
que los celestes astros. Cristo: —Sigue
—dijo al amado espíritu del Santo—.

Ve entonces la región en donde existen
los augustos Arcángeles, zodíaco
de diamantina nieve, indestructibles
ejércitos de luz y mensajeras
castas palomas o águilas insignes.

Luego la majestad esplendorosa
del coro de los Príncipes,
que las divinas órdenes realizan
y en el humano espíritu presiden;
el coro de las altas Potestades
que al torrente infernal levantan diques:
el coro de las místicas Virtudes,
las huellas de los mártires
y las intactas manos de las vírgenes;

el coro prestigioso
de las Dominaciones que dirigen
nuestras almas al bien, y el coro excelso
de los Tronos insignes,
que del Eterno el solio,
cariátides de luz indefinible,
sostienen por los siglos de los siglos,
y al coro de Querubes que compite
con la antorcha del sol.
Por fin, la gloria
de teológico fuego en que se erigen
las llamas vivas de inmortal esencia.

Cristo el Santo bendice
y así penetra el Serafín de Francia
al coro de los ígneos Serafines.

Letanía de nuestro Señor Don Quijote

A Francisco Navarro Ledesma

Rey de los hidalgos, señor de los tristes,
que de fuerza alientas y de ensueños vistes,
coronado de áureo yelmo de ilusión;
que nadie ha podido vencer todavía,
por la adarga al brazo, toda fantasía,
y la lanza en ristre, toda corazón.

Noble peregrino de los peregrinos,
que santificaste todos los caminos
con el paso augusto de tu heroicidad,
contra las certezas, contra las conciencias
y contra las leyes y contra las ciencias,
contra la mentira, contra la verdad…

¡Caballero errante de los caballeros,
varón de varones, príncipe de fieros,
par entre los pares, maestro salud!
¡Salud, porque juzgo que hoy muy poca tienes,
entre los aplausos o entre los desdenes,
y entre las coronas y los parabienes
y las tonterías de la multitud!

¡Tú, para quien pocas fueran las victorias
antiguas y para quien clásicas glorias
serían apenas de ley y razón,
soportas elogios, memorias, discursos,
resistes certámenes, tarjetas, concursos,
y, teniendo a Orfeo, tienes a orfeón!

Escucha, divino Rolando del sueño,
a un enamorado de tu Clavileño,
y cuyo Pegaso relincha hacia ti;
escucha los versos de estas letanías,
hechas con las cosas de todos los días
y con otras que en lo misterioso vi.

¡Ruega por nosotros, hambrientos de vida,
con el alma a tientas, con la fe perdida,
llenos de congojas y faltos de sol,
por advenedizas almas de manga ancha,
que ridiculizan el ser de la Mancha,
el ser generoso y el ser español!

¡Ruega por nosotros, que necesitamos
las mágicas rosas, los sublimes ramos
de laurel! Pro nobis ora, gran señor.
(Tiembla la floresta de laurel del mundo,
y antes que tu hermano vago, Segismundo,
el pálido Hamlet te ofrece una flor.)

Ruega generoso, piadoso, orgulloso,
ruega casto, puro, celeste, animoso;
por nos intercede, suplica por nos,
pues casi ya estamos sin savia, sin brote,
sin alma, sin vida, sin luz, sin Quijote,
sin pies y sin alas, sin Sancho y sin Dios.
De tantas tristezas, de dolores tantos,
de los superhombres de Nietzsche, de cantos
áfonos, recetas que firma un doctor,
de las epidemias de horribles blasfemias
de las Academias,
líbranos, señor.

De rudos malsines,
falsos paladines,
y espíritus finos y blandos y ruines,
del hampa que sacia
su canallocracia
con burlar la gloria, la vida, el honor,
del puñal con gracia,
¡líbranos, señor!

Noble peregrino de los peregrinos,
que santificaste todos los caminos,
con el paso augusto de tu heroicidad,
contra las certezas, contra las conciencias
y contra las leyes y contra las ciencias,
contra la mentira, contra la verdad...

Ora por nosotros, señor de los tristes,
que de fuerza alientas y de ensueño vistes,
coronado de áureo yelmo de ilusión;
¡que nadie ha podido vencer todavía,
por la adarga al brazo, toda fantasía,
y la lanza en ristre, toda corazón!
1905

Amado Nervo

México (1870-1919)

Si tu me dices "¡ven!"

Si tú me dices "¡ven!", lo dejo todo...
No volveré siquiera la mirada
para mirar a la mujer amada...
Pero dímelo fuerte, de tal modo

que tu voz, como toque de llamada,
vibre hasta el más íntimo recodo
del ser, levante el alma de su lodo
y hiera el corazón como una espada.

Si tú me dices "¡ven!", todo lo dejo.
Llegaré a tu santuario casi viejo,
y al fulgor de la luz crepuscular;

mas he de compensarte mi retardo,
difundiéndome ¡Oh Cristo! ¡como un nardo
de perfume sutil, ante tu altar!

Yo no soy demasiado sabio

Yo no soy demasiado sabio para negarte,
Señor; encuentro lógica tu existencia divina;
me basta con abrir los ojos para hallarte;
la creación entera me convida a adorarte,
y te adoro en la rosa y te adoro en la espina.
¿Qué son nuestras angustias para querer por
argüirte de cruel? ¿Sabemos por ventura
si tú con nuestras lágrimas fabricas las estrellas,
si los seres más altos, si las cosas más bellas
se amasan con el noble barro de la amargura?
Esperemos, suframos, no lancemos jamás
a lo Invisible nuestra negación como un reto.

Pobre criatura triste, ¡ya verás, ya verás!
La Muerte se aproxima... ¡De sus labios oirás
el celeste secreto!

José Juan Tablada

México (1871-1945)

Laus Deo

Al fin de este libro murmuro *Laus Deo*
y entre las penumbras de mi alma veo

frailes inclinados sobre sus misales
y cruces encima de las catedrales…

Vuelvo de la sombra, de la Misa Negra,
¡pero una alborada mi espíritu alegra!

Sangró allá en el sábbat el ensueño mío,
bajo las pezuñas del macho cabrío…

Viví enloquecido por acre beleño
cuando los súcubos violaron mi sueño…

Sufrí a las estrigias y a los tenebriones
que beben la sangre de los corazones…

En las Misas Negras vi mujeres blancas,
como altar impuro tendiendo sus ancas…

Vi las hostias negras y las rojas lunas,
y he aquí que ultrajado por ojeras brunas…,

el riñón sangrando bajo el vil cilicio,
y aún ebrio del vino de aquel sacrificio,

me rozan las alas de nívea paloma,
inunda mis sienes un bíblico aroma…

49

Y un ser —¿era un ángel?— me baña de luz
¡abriendo los brazos en forma de cruz!

Viví sin amores y hoy amo y deseo,
a Dios no miraba y hoy oro y hoy creo.

No tuve bandera y hoy tengo un trofeo
y al fin de este libro murmuro:
¡*Laus Deo!*

Alfredo R. Placencia

México (1873-1930)

Ciego Dios

Así te ves mejor, crucificado.
Bien quisieras herir, pero no puedes.
Quien acertó a ponerte en ese estado
no hizo cosa mejor. Que así te quedes.

Dices que quien tal hizo estaba ciego.
No lo digas; eso es un desatino.
¿Cómo es que dio con el camino luego,
si los ciegos no dan con el camino…?

Convén mejor en que ni ciego era,
ni fue la causa de tu afrenta suya.
¡Qué maldad, ni qué error, ni qué ceguera…!
Tu amor lo quiso y la ceguera es tuya.

¡Cuánto tiempo hace ya, Ciego adorado,
que me llamas, y corro y nunca llego…!
Si es tan sólo el amor quien te ha cegado,
ciégueme a mí también, quiero estar ciego.

Abre bien las compuertas

El hilillo de agua, rompedizo y ligero,
abre la entraña obscura
de la peña, de suyo, tan tenaz y tan dura,
y da en la peña misma con algún lloradero.

Señor: entra en mi alma y alza Tú las compuertas
que imposible es que dejen que fluya mi amargura.
Quiero que estén abiertas
las compuertas
de mi alma de roca, tan rebelde y tan dura.

Soy Tomás; necesito registrar tu costado.
Soy Simón Pedro, y debo desbaratarme en lloro.
Dimas soy, y es mi ansia morir crucificado.
Soy Zaqueo, que anda todo desazonado,
viendo, por si pasares, dónde habrá un sicomoro.

"Tocad, que si tocareis, se os abrirá", dijiste.
Por eso llego y toco
y tus misericordias seculares invoco.
Señor: cúmpleme ahora lo que me prometiste.

Alza bien las compuertas, Señor; lo necesito.
Deben estar abiertas
las compuertas del llanto que purgará el delito.
Abre bien las compuertas.

El hilillo de agua, rompedizo y ligero,
¿cuándo no dio en la peña con algún lloradero...?

Vicente Mendoza

México (1875-1955)

Vicente Mendoza

Hay un lugar do quiero estar

Hay un lugar do quiero estar
muy cerca de mi Redentor;
allí podré yo descansar
al fiel amparo de su amor.

Muy cerca de mi Redentor
seguro asilo encontraré;
me guardará del tentador
y allí ya nada temeré.

Quitarme el mundo no podrá
la paz que halló mi corazón:
Jesús amante me dará
la más segura protección.

Ni dudas ni temor tendré
estando cerca de Jesús;
cercado siempre me veré
de los fulgores de su luz.

Jehová es mi luz y mi salud

Jehová es mi luz y mi salud;
¿de quién pudiera yo temer?
¿Por qué vivir en la inquietud
si es El la fuerza de mi ser?

Si alzare el enemigo cruel
de guerra campo contra mí:
temer no debo porque en Él
defensa firme siempre vi.

Él en su tienda me dará
la más segura protección,
y en alta roca me pondrá,
a salvo así de destrucción.

Mi frente entonces alzaré,
del enemigo libre ya;
y en cantos mil que entonaré
mi gratitud se mostrará.

Vicente Mendoza

Jesús es mi Rey soberano

Jesús es mi Rey soberano,
mi gozo es cantar su loor;
es Rey, y me ve cual hermano,
es Rey y me imparte su amor.
Dejando su trono de gloria,
me vino a sacar de la escoria,
y yo soy feliz,
y yo soy feliz por él.

Jesús es mi amigo anhelado
y en sombras o en luz siempre va;
paciente y humilde a mi lado,
ayuda y consuelo me da.
Por eso constante lo sigo,
porque él es mi Rey y mi amigo
y yo soy feliz,
y yo soy feliz por él.

Señor, ¿qué pudiera yo darte
por tanta bondad para mí?
¿Me basta servirte y amarte?
¿Es todo entregarme yo a ti?
Entonces acepta mi vida,
que a ti solo queda rendida,
pues yo soy feliz,
pues yo soy feliz por ti.

León Felipe

España-México (1884-1968)

La ascensión

Y dexas, Pastor santo, tu grey en este valle hondo, escuro…
FRAY LUIS DE LEÓN

Aquí vino
y se fue.
Vino…, nos marcó nuestra tarea
y se fue.
Tal vez detrás de aquella nube
hay alguien que trabaja
lo mismo que nosotros,
y tal vez las estrellas
no son más que ventanas encendidas
de una fábrica
donde Dios tiene que repartir
una labor también.

Aquí vino
y se fue.
Vino…, llenó nuestra caja de caudales
con millones de siglos y de siglos,
nos dejó unas herramientas…
y se fue.

Él, que lo sabe todo,
sabe que estando solos,
sin dioses que nos miren,
trabajamos mejor.

Detrás de ti no hay nadie. Nadie.
Ni un maestro, ni un amo, ni un patrón.

Pero tuyo es el tiempo.
El tiempo y esa gubia
con que Dios comenzó la creación.

Regad la sombra

"¡Padre, Padre!
¿Por qué me has abandonado?"
¡Silencio!

El Padre nunca duerme.
Las tumbas son surcos
y abril, el gran mago,
me ha de decir otra vez: Abre la puerta y vete.
Abril es este llanto,
el agua que levanta los muertos y la espiga.

Dejad que llore el hombre
y se esconda en la muerte.
No maldigáis las lluvias y la noche…
¡Regad la sombra!
(¿O he de volver mañana
a contar otra vez los escalones de los sótanos?)
Tres segundos en la angustia son tres días,
tres días en la historia son tres siglos,
y tres siglos, un compás de danza solamente.

Al tercer día se romperá la cáscara del huevo,
abrirá su ventana la semilla
y se caerán las piedras de las tumbas.

¿Quién puso centinelas en los surcos?
Cristo es la Vida
y la vida, la Cruz.

El sudario de un dios
fue el pañal de los hombres.
Me envolvisteis en llanto cuando vine,
he seguido vistiéndome con llanto
y el llanto es ahora mi uniforme...
Mi uniforme y el tuyo
y el de todos los hombres de la tribu.
Vamos sobre sus mismas lágrimas.
Por estas viejas aguas
navegaré en mi barca hasta llegar a Dios.
¡Terrible y negro es el camino!
(¡Y hay quien merca
con la tormenta,
con la sombra
y el miedo!)

León Felipe

Comunión

En alguna parte se ha dicho:
Dios se come a los hombres
y los hombres un día se comerán a Dios.

Y también está escrito:
no es más que un pez el hombre
en su mar de tinieblas y de llanto.

Y en alguna otra parte se pregunta:
¿Para qué está allá arriba sentado
en el alto cantil de las nubes heladas
ese Gran Pescador?
¿Para qué está allá arriba
con su cebo,
su anzuelo
y su larga caña de pescar
ese Gran Pescador?

¿No es más que un pez el hombre,
un pez para las brasas del infierno
y para que después, "puro y dorado",
se lo coma allá arriba
ese Gran Pescador?

Y ahora… aquí… el pez… el hombre es el que arguye:
un día me tragaré el mar…
toda el agua del mar…
todas las tinieblas del mar como una perla negra…
un día me tragaré el mar,

63

toda el agua del mar,
toda la amargura del mar como una sola lágrima…
y dejaré al descubierto
el cebo
el anzuelo
y la larga caña de pescar
de ese Gran Pescador.
¡Toda su mentira y su verdad!
Luego me sentaré a llorar sobre la última roca seca del
mundo.,
a llorar, a llorar otra vez
hasta llenar de nuevo la tierra
con otro mar inmenso,
mucho más negro
y mucho más amargo que el de ahora…
con otro mar que llegue hasta los cielos,
anegue las estrellas
y ahogue a ese Gran Pescador
con su cebo
su anzuelo
y su larga caña de pescar.
Entonces
yo seré el pescador
y Dios, el Gran Pez, sorprendido y pescado.
Aquel día el Hombre… todos los hombres se comerán
a Dios.
Será el día… el Gran Día de la verdadera,
de la gloriosa
y de la sagrada comunión.

Azarías H. Pallais

Nicaragua (1885-1954)

De noche, mientras duermen

De noche, mientras duermen, secretos, emboscada,
y entonces a mansalva, con una puñalada,

con una puñalada, logras coger la mano,
en el juego cuantioso del mercado profano,

donde por un mareo, parecido al del mar,
vale, lo que no vale, de tanto barajar.

Es un hombre de pro, de los indispensables,
en toda transacción de equilibrios estables.

Y, en todo comité de alcances financieros,
de inútiles discursos y bailes callejeros…

Maestros en lugares comunes, conferencias,
proyectos, propagandas, dictámenes, ponencias…

"De noche mientras duermen" se adueñaron de todo
el Camino Real del mundo; no hay recodo,

ni vuelta, donde libres, podamos caminar;
pero, Nada, ni Nadie nos podrá separar

de la Iglesia de Cristo! Ni la tribulación
ni el filo de la espada, ni la persecución.

Angustias, hambre, frío, peligro, desnudez,
tuvimos y tendremos mártires, otra vez.

"De noche mientras duermen", Banco, Ferrocarril,
Aduanas, Ministerios, et caétera, las mil

y una llave maestra, para abrir y cerrar,
Príncipe de la Sangre, Duque, Válido, Par.

Ministro Guarda Sellos, en el universal
Despacho del Rey: Todo, singular y plural.

Triángulo de tres puntos, otra vez, el León
dice: Nominor Leo: Masónica razón.

Ramón

López Velarde

México (1888-1921)

Ramón López Velarde

El perro de San Roque

Yo sólo soy un hombre débil, un espontáneo
que nunca tomó en serio los sesos de su cráneo.

A medida que vivo ignoro más las cosas;
no sé ni por qué encantan las hembras y las rosas.

Sólo estuve sereno, como en un trampolín,
para asaltar las nuevas cinturas de las Martas
y con dedos maniáticos de sastre, medir cuartas
a un talle de caricias ideado por Merlín.

Admiro el universo como un azul candado,
gusto del cristianismo porque el Rabí es poeta,
veo arriba el misterio de un único cometa
y adoro en la Mujer el misterio encarnado.

Quiero a mi siglo; gozo de haber nacido en él;
los siglos son en mi alma rombos de una pelota
para la dicha varia y el calosfrío cruel
en que cesa la media y lo crudo se anota.

He oído la rechifla de los demonios sobre
mis bancarrotas chuscas de pecador vulgar,
y he mirado a los ángeles y arcángeles mojar
con sus lágrimas de oro mi vajilla de cobre.

Mi carne es combustible y mi conciencia parda;
efímeras y agudas refulgen mis pasiones
cual vidrios de botella que erizaron la barda
del gallinero contra los gatos y ladrones.

¡Oh, Rabí, si te dignas, está bien que me orientes:
he besado mil bocas, pero besé diez frentes!

Mi voluntad es labio y mi beso es el rito…
¡Oh, Rabí, si te dignas, bien está que me encauces;
como el can de San Roque, ha estado mi apetito
con la vista en el cielo y la antorcha en las fauces!

Todo

A José D. Frías

Sonámbula y picante,
mi voz es la gemela
de la canela.

Canela ultramontana
e islamita,
por ella mi experiencia
sigue de señorita.

Criado con ella,
mi alma tomó la forma
de su botella.

Si digo carne o espíritu,
paréceme que el diablo
se ríe del vocablo;
mas nunca vaciló
mi fe si dije "yo".

Yo, varón integral,
nutrido en el panal
de Mahoma
y en el que cuida Roma
en la Mesa Central.

Uno es mi fruto:
vivir en el cogollo
de cada minuto.

Que el milagro se haga,
dejándome aureola
o trayéndome llaga.

No porto insignias
de masón
ni de Caballero
de Colón.

A pesar del moralista
que la asedia
y sobre la comedia
que la traiciona,
es santa mi persona,
santa en el fuego lento
con que dora el altar
y en el remordimiento
del día que se me fue
sin oficiar.

En mis andanzas callejeras
del jeroglífico nocturno,
cuando cada muchacha
entorna sus maderas,
me deja atribulado
su enigma de no ser
ni carne ni pescado.

Aunque toca al poeta
roerse los codos,
vivo la formidable
vida de todas y de todos;

en mí late un pontífice
que todo lo posee
y todo lo bendice;
la dolorosa Naturaleza
sus tres reinos ampara
debajo de mi tiara;
y mi papal instinto
se conmueve
con la ignorancia de la nieve
y la sabiduría del jacinto.

Gabriela Mistral

Chile (1889-1957)

Credo

Creo en mi corazón, ramo de aromas
que mi Señor como una fronda agita,
perfumando de amor toda la vida
y haciéndola bendita.
Creo en mi corazón, el que no pide
nada porque es capaz del sumo ensueño
y abraza en el ensueño lo creado,
¡inmenso dueño!
Creo en mi corazón que cuando canta
sumerge en el Dios hondo el flanco herido
para subir de la piscina viva
como recién nacido.
Creo en mi corazón, el que tremola,
porque lo hizo el que turbó los mares,
y en el que da la Vida orquestaciones
como de pleamares.
Creo en mi corazón, el que yo exprimo
para teñir el lienzo de la vida
de rojez o palor, y que le ha hecho
veste encendida.
Creo en mi corazón, el que en la siembra
por el surco sin fin fue acrecentado.
Creo en mi corazón siempre vertido,
pero nunca vaciado.
Creo en mi corazón en que el gusano
no ha de morder, pues mellará a la muerte;
creo en mi corazón, el reclinado
en el pecho de Dios terrible y fuerte.

El Dios triste

Mirando la alameda, de otoño lacerada,
la alameda profunda de vejez amarilla,
como cuando camino por la hierba segada
busco el rostro de Dios y palpo su mejilla.

Y en esta tarde lenta como una hebra de llanto
por la alameda de oro y de rojez yo siento
un Dios de otoño, un Dios sin ardor y sin canto
¡y lo conozco triste, lleno de desaliento!

Y pienso que tal vez Aquel tremendo y fuerte
Señor, al que cantara de locura embriagada,
no existe, y que mi Padre que las mañanas vierte
tiene la mano laxa, la mejilla cansada.

Se oye en su corazón un rumor de alameda
de otoño: el desgajarse de la suma tristeza;
su mirada hacia mí como lágrima rueda
y esa mirada mustia me inclina la cabeza.

Y ensayo otra plegaria para este Dios doliente,
plegaria que del polvo del mundo no ha subido:
"Padre, nada te pido, pues te miro a la frente
y eres inmenso, ¡inmenso!, pero te hallas herido."

Nocturno

Padre Nuestro que estás en los cielos,
¿por qué te has olvidado de mí?
Te acordaste del fruto en Febrero,
al llagarse su pulpa rubí.
¡Llevo abierto también mi costado,
y no quieres mirar hacia mí!
Te acordaste del negro racimo,
y lo diste al lagar carmesí;
y aventaste las hojas del álamo,
con tu aliento, en el aire sutil.
¡Y en el ancho lagar de la muerte
aún no quieres mi pecho exprimir!
Caminando vi abrir las violetas;
el falerno del viento bebí,
y he bajado, amarillos, mis párpados,
por no ver más Enero ni Abril.
Y he apretado la boca, anegada
de la estrofa que no he de exprimir.
¡Has herido la nube de Otoño
y no quieres volverte hacia mí!
Me vendió el que besó mi mejilla;
me negó por la túnica ruin.
Yo en mis versos el rostro con sangre,
como Tú, sobre el paño, le di,
y en mi noche del Huerto, me han sido
Juan cobarde y el Ángel hostil.
Ha venido el cansancio infinito
a clavarse en mis ojos, al fin:
el cansancio del día que muere

y el del alba que debe venir;
¡el cansancio del cielo de estaño
y el cansancio del cielo de añil!
Ahora suelto la mártir sandalia
y las trenzas pidiendo dormir.
Y, perdida en la noche, levanto
el clamor aprendido de Ti:
Padre Nuestro que estás en los cielos,
¿por qué te has olvidado de mí?

Laura

Jorquera

Chile (1892)

Primicia

No me inclina, Señor, para adorarte
La gloria que me tienes ofrecida,
Ni me atrae el saber que en otra vida
Siglos tendré para servir y amarte.

Tú me llamas, Señor; debo escucharte
Pues tu voz insistente me convida,
Con lazo indisoluble se halla unida
Mi alma Contigo, y debo acompañarte.

Mi vida toda quiero consagrarte;
Mi alma a Tus plantas mírala rendida,
Sus males, su dolor sin ocultarte.

Y al Calvario subir, por alcanzarte,
Dispuesta estoy, en ansias encendida
Si sólo así puedo mi amor probarte.

Domingo, 10 de junio de 1934

Porque sé...

Porque sé ¡oh Señor! Que estás conmigo
No le temo a la vida, ni a la muerte;
No temo a los contrastes de la suerte
Y así tranquila la jornada sigo.

Que nada temo con confianza digo,
Mas no por eso permanezco inerte,
Sino que busco en todo complacerte
E inspirarme en Tu ejemplo yo persigo.

Que si quiero en verdad que estés conmigo
Vivir debo la vida de tal suerte
Que mirándome, a Ti presuman verte;

Que viniendo tras mí, estén Contigo;
Que escuchándome a mí, quieran oírte
Y si me aman, a Ti puedan amarte.

César Vallejo

Perú (1892-1938)

Los dados eternos

*Para Manuel González Prada esta emoción bravía y
selecta, una de las que, con más entusiasmo,
me ha aplaudido el gran maestro.*

Dios mío estoy llorando el ser que vivo;
me pesa haber tomádote tu pan;
pero este pobre barro pensativo
no es costra fermentada en tu costado:
tú no tienes Marías que se van!
Dios mío, si tu hubieras sido hombre,
hoy supieras ser Dios;
pero tú, que estuviste siempre bien,
no sientes nada de tu creación.
Y el hombre sí te sufre: el Dios es él!

Hoy que en mis ojos brujos hay candelas,
como en un condenado;
Dios mío, prenderás todas tus velas,
y jugaremos con el viejo dado…
Talvez ¡oh jugador! al dar la suerte
del universo todo,
surgirán las ojeras de la Muerte,
como dos ases fúnebres de lodo.

Dios mío, y esta noche sorda, oscura,
ya no podrás jugar, porque la Tierra
es un dado roído y ya redondo
a fuerza de rodar a la aventura,
que no puede parar sino en un hueco,
en el hueco de inmensa sepultura.

Dios

Siento a Dios que camina
tan en mí, con la tarde y con el mar.
Con él nos vamos juntos. Anochece.
Con él anochecemos. Orfandad…
Pero yo siento a Dios. Y hasta parece
que el me dicta no sé qué buen color.
Como un hospitalario, es bueno y triste;
mustia un dulce desdén de enamorado:
debe dolerle mucho el corazón.
Oh, Dios mío, recién a ti me llego,
hoy que amo tanto en esta tarde; hoy
que en la falsa balanza de unos senos,
mido y lloro una frágil Creación.
Y tú, cuál llorarás… tú, enamorado
de tanto enorme seno girador…
Yo te consagro Dios, porque amas tanto;
porque jamás sonríes; porque siempre
debe dolerte mucho el corazón.

Trilce

XVIII

Oh las cuatro paredes de la celda.
Ah las cuatro paredes albicantes
que sin remedio dan al mismo número.
Criadero de nervios, mala brecha,
por sus cuatro rincones cómo arranca
las diarias aherrojadas extremidades.
Amorosa llavera de innumerables llaves,
si estuviera aquí, si vieras hasta
qué hora son cuatro estas paredes.
Contra ellas seríamos contigo, los dos,
más dos que nunca. Y ni lloraras,
di, libertadora!
Ah las paredes de la celda.
De ellas me duelen entretanto más
las dos largas que tienen esta noche
algo de madres que ya muertas
llevan por bromurados declives,
a un niño de la mano cada una.
Y sólo yo me voy quedando,
con la diestra que hace por ambas manos,
en alto, en busca de terciario brazo
que ha de pupilar, entre mi dónde y mi cuándo,
esta mayoría inválida de hombre.

Mário de Andrade

Brasil (1893-1945)

Poema

La catedral de San Pablo
¡Por Dios, que nunca se acaba!
—Como mi alma.

Una catedral horrible
Hecha con piedras bonitas
—Como mi alma.

La catedral de San Pablo
Nació por necesidad
—Como mi alma.

Sacro y profano edificio
Con piedras nuevas y antiguas
—Como mi alma.

Un día se ha de acabar,
después se destruirá
—Como mi cuerpo.

Y el alma, memoria triste,
Ha de volar como arena
Sin puerto.

…los que esperan, los que pierden
el aliciente, enmudecen,
los que ignoran, los que ocultan
dolor, los que desfallecen,
los que continúan, los

que aún dudan… ¡Corazón,
afirma, afirma y abrásate
por las milicias del no!

Versión de Ángel Crespo

Vicente Huidobro

Chile (1893-1948)

Pasión, pasión y muerte

Señor, hoy es el aniversario de tu muerte.
Hace mil novecientos veintiséis años tú estabas en una cruz
Sobre una colina llena de gente.
Entre el cielo y la tierra tus ojos eran toda la luz.
Gota a gota sangraste sobre la historia.
Desde entonces un arroyo rojo atraviesa los siglos
regando nuestra memoria.

Las horas se pararon ante el umbral extrahumano.
El tiempo quedó clavado con tus pies y tus manos.

Aquellos martillazos resuenan todavía,
Como si alguien llamara a las puertas de la vida.
Señor, perdóname si te hablo en un lenguaje profano,
Mas no podría hablarte de otro modo, pues soy
esencialmente pagano.

Por si acaso eres Dios, vengo a pedirte una cosa
En olas rimadas con fatigas de prosa.

Hay en el mundo una mujer, acaso la más triste,
sin duda la más bella,

Protégela, Señor, sin vacilar: es ella.
Y si eres realmente Dios y puedes más que mi amor,
Ayúdame a cuidarla de todos los peligros, Señor.

Señor, te estoy mirando con los brazos abiertos.
Quisieras estrechar todos los hombres y todo el universo.

Señor, cuando doblaste tu cabeza sobre la eternidad
Las gentes no sabían si era de tus ojos que brotaba la
obscuridad.

Las estrellas se fueron una a una en silencio
Y la luna no hallaba cómo esconderse detrás de los cerros.

Se rasgaron las cortinas del cielo
Cuando pasaba tu alma al vuelo,
Y yo sé lo que se vio detrás; no fue una estrella,
Señor; fue la cara más bella.
La misma que verías al momento
Si rompieras la carne de mi pecho.

Como tú Señor, tengo los brazos abiertos aguardándola a ella.
Así lo he prometido y me fatigan tantos siglos de espera.

Se me caen los brazos como aspas rotas sobre la tierra.
¿No podrías, Señor, adelantar la fecha?

Señor, en la noche de tu cielo ha pasado un aerolito
llevándose un voto suyo y su mirada al fondo del infinito.
Hasta el fin de los siglos seguirá rodando nuestro anhelo
allí escrito.

Señor, ahora de verdad estoy enfermo,
Una angustia insufrible me está mascando el pecho.
Y ese aerolito me señala el camino.
Amarró nuestras vidas en un solo destino.
Nos ha enlazado el alma mejor que todo anillo.

Señor, ella es débil y tenue como un ramo de sollozos.
Mirarla es un vértigo de estrellas en el fondo de un pozo.

Los ruiseñores del delirio cantaban en sus besos.
Se llenaba de fiebre el tubo de los huesos.

Alguien plantó en su alma viles hierbas de duda y ya no
cree en mí.
Pruébame que eres Dios y en tres días de plazo llévame
de aquí.

Quiero evadirme de mí mismo.
Mi espíritu está ciego y rueda entre planetas llenos de
cataclismos.

Alzaron el vuelo esas cruces
Para cantar la gloria de sus muertos
El día de la Victoria
Todos los pueblos cantarán

Y los mares
Se transformarán en miel
Soldados
Cañones

Un globo lanza un ramo de flores

Los marineros lejanos
Los marineros color de pipa vieja

Cantarán de rodillas sobre las olas

El Sena correrá lleno de flores
Y sus puentes
También serán arcos de triunfo

Las ciudades y los tambores doblan

Y cuando llegue la noche
Las estrellas caerán sobre la multitud

Y luego
En lo más alto de la Torre de Eiffel
Enciendo mi cigarro
Para los astros en peligro
Allá lejos
En el límite del mundo
Alguien entona un himno de triunfo

Mi vida también sangra sobre la nieve,
Como un lobo herido que hace temblar la noche cada
vez que se mueve.

Estoy crucificado sobre todas las cimas.
Me clava el corazón una corona de espinas.

Las lanzas de sus ojos me hieren el costado
Y un reguero de sangre sobre el silencio te dirá que he
pasado.

Hace unos cuantos meses, Señor, abandoné mi viejo
París,
Un extraño destino me traía a sufrir en mi país.

Hace frío, hace frío. El viento empuja el frío sobre
nuestros caminos
Y los astros enrollan la noche girando como molinos.

Señor, piensa en los pobres inmigrantes que vienen hacia
Américas de oro
Y encuentran un sepulcro en vez de cajas de tesoros.

Ellos impregnan las olas del ritmo de sus cantares,
La tempestad de sus almas es más horrenda que la de
todos los mares.

Míralos cómo lloran por los seres que no verán más;
Les gritan en la noche todas las cosas que dejaron atrás.

Señor, piensa en las pobrecitas que sufren al humillar su carne,
Las nuevas Magdalenas que hoy lloran el dolor de tu madre.

Agazapadas al fondo de la angustia de su absurda Babel,
Beben lentamente grandes vasos de hiel.

Señor, piensa en las espirales de los naufragios anónimos,
En los sueños truncados que estallan en pedazos de bólido.

Piensa en los ciegos que tienen los párpados llenos de mú-
sica y lloran por los ojos de su violín.
Ellos frotan sus arcos sobre la vida en una amargura sin fin.

Señor, te he visto sangrando en los vitraux de Chartres,
Como mil mariposas que hacia los sueños parten.

Señor, en Venecia he visto tu rostro bizantino
Un día en que el aire se rompía de besos y de vino.

Las góndolas pasaban cantando como nidos,
Entre las ramas de olas, siguiendo nuestras risas hacia el Lido.

Y tú quedabas solo en San Marcos, aspirando las selvas
de oraciones.
Que crecen a tus plantas en todas las estaciones.

Señor, te he visto en un icono, obra de un monje serbio
que al pintar tus espinas
Sentía toda el alma llena de golondrinas.

En la historia del mundo, ¿qué significas tú?
Hace año y medio discutí este tema en un café de Moscú.

Un sabio ruso no te daba mayor importancia.
Yo decía haber creído en ti en mi infancia.

Una bailarina célebre por su belleza
Decía que tú eres solamente un cuento de tristeza.

Todos te negaron y ningún gallo cantó:
Acaso Pedro oyéndonos lloró.

Y al fondo de una vieja Biblia tu sermón de la montaña
Seguía resonando de una manera extraña.

Señor, yo también tengo mi vía dolorosa, mis caídas y mi
pasión;
Saltando meridianos como un tigre herido, sangra y aúlla
mi corazón.

Reina el amor en todas sus espléndidas catástrofes internas,
Mil rubíes al fondo del cerebro atruenan,
Y las plantas del deseo bordan el aire de estas noches
eternas.

Poeta, poeta esclavo de aventuras y de algún sortilegio,
Soporto como tú la vida, el mayor sacrilegio.

Señor, lo único que vale en la vida es la pasión.
Vivimos para uno que otro momento de exaltación.

Un precipicio de suspiros se abre a mis pies; me detengo
y vacilo.
Luego como un sonámbulo atravieso el mundo en
equilibrio.

Señor, qué te importa lo que digan los hombres.
Al fondo de la historia
Eres un crepúsculo clavado en un madero de dolor
y de gloria.

Y el arroyo de sangre que brotó en tu costado
Todavía, Señor, no se ha estancado.

Fernando Paz Castillo

Venezuela (1893-1981)

Enigma del cuerpo y el espíritu
(fragmentos)

Dios y hombre

*Pues es indudable que todo espíritu creado necesita
el consuelo del cuerpo.*
San Bernardo

I
Ante el misterio,
lejana realidad,
Dios en silencio,
teme el espíritu encontrarse
libre del cuerpo
tierra que familiarmente lo acompaña,
cárcel oscura y fuga luminosa:
su paz o su inquietud,
su ingénita frescura y su descanso.

II
Entre formas confusas se desliza el espíritu
dormido o vigilante,
altivo o fatigado de recuerdos,
detenido por ausencias sin contornos
junto a la eternidad
de lo perfecto.
Y sólo el cuerpo atrapa
con los cinco sentidos perspicaces
y sus vagos senderos ignorados
el gozo de la luz y del sonido,

y del mirar confiado a las espigas
y del callar sereno hacia los astros.

III
¡El espíritu libre!…
honda zozobra,
quemadura de llama en agonía,
nostalgia del vivir inteligente
asomado a la orilla de la muerte.

Angustia cotidiana de alentar entre rosas
o pavor de una noche sin luceros
frente al todo infinito y desolado.

Hallazgo de no morir un día,
sino seguir viviendo
de lo que ya vivido está en la sangre,
entre secretos surcos dilatados,
entre hierbas de noche oscura
y rosas húmedas
desde la tierra o nube del origen.

Naufragio de lo propio
y de lo ajeno
con el nacer;
morir anticipado
morir sin morir del todo,
porque, semilla de divina esencia
vivirá siempre en formas increadas
para consuelo de los otros seres.

[…]

VI

El espíritu es trágico
pero el cuerpo es bello
y solemne
bajo el hilo de plata del silencio
que oculta entre cenizas las palabras,
las palabras
que duelen y se alejan
como el pensamiento, y como el ala
graciosa,
fúlgida tierra que al volar se queda
entre el aire y la luz,
signo del pie divino y de su fuga
que delata a su paso la belleza,
la eterna aspiración de la belleza,
entre el rencor del hombre
y la conciencia audaz,
desveladora
que, sin asirla del todo,
vive de ello esclava.

Esclavitud sublime que lo salva
de aquella lenta ducha dolorosa
del ser primero,
de aquella triste angustia desolada
del hombre sin pasado;
de aquella amarga realidad viviente,
del hombre, sólo hombre:
triste vivir del alma sin amor,
perfección del creador y de lo creado.

VII

Dios limita al hombre con su asombro
y el hombre reduce a Dios a su esperanza...

Y así definido en forma vaga
el celeste Creador del desconsuelo
no escapa de la ley que al mundo impuso...

Por este pensamiento
—ya pensado y sufrido—
vive, crece y muere Dios
en cada hora
y en cada hora nace fecundo
con el vivir en muerte de los místicos
cercanos a la nada
y cercanos al todo,
perennemente derramados
como el mar sin el muro de la espuma
o el viento sin el muro de la hoja;
porque de candor todos ungidos
conservan, fieles a su abatimiento
o renuncia,
como un vago rumor del infinito,
la intuida y no encontrada unidad
que sólo por instantes se revela.

En una sola tres naturalezas,
tres ríos de luz,
tres pulsos diferentes en una arteria única:
dos sombras y una triste realidad suprema
y consuelo de los tres una palabra
que Dios y el hombre se confían.

Tres esencias de belleza
inconmovible de raíz oscura
y trágica:
la del Padre: poder;
la del Espíritu: sapiencia;
la del Hijo: pasión.

Y sólo forma la del Hijo tiene:
la forma de la cruz predestinada,
suplicio y redención
del Dios pasivo,
tan frágil como un lirio bajo el viento,
tan dulce como espiga en campo nuevo,
tan hondo como el llanto en su simiente.

VIII
"El cuerpo es consuelo del espíritu"
dijo el santo de amor iluminado.
Por ello el Hijo que sufre eternamente
es consuelo de Dios.

Dios necesita el sufrimiento:
y el Hijo en la Cruz es el que sufre
sin el dolor presente,
vencida la conciencia lacerante
del mal fecundo
por la sedancia del amor logrado
después de crear al hombre
y de perderlo,
al reencontrarlo entre sus iras,
nuevo como un niño
o un cordero dormido

entre un brizar de espigas luminosas…
y harinas también para el molino oscuro de la muerte
y la resurrección de cada día
perfectas.

Cuerpo de Dios exhausto y luminoso
entre violetas de un olor sereno,
haz de nervios rotos
y de entreabiertas venas renovadas;
perla anegada en luz,
ceniza fría
y frío de muerte que pasa por la piel
y se anida en los ojos,
en el frío remoto de los ojos,
perdido en lejanas soledades.

Mínimo cuerpo, moldura de lo eterno,
luz de un color distante,
consuelo del espíritu en tinieblas
y unión de lo bello y de lo eterno,
con el miedo terrible del pecado
que Dios y el hombre temen,
el Uno frente al otro:
ambos conciencia.

IX
Todo procede del infinito abismo de Dios,
como de un pozo, cuyo fondo fuera
la soledad del agua,
y de ella —agua oscura— naciera otra
sin fin, con el signo del futuro

y un afán de volverse hacia el origen
para seguir naciendo de sí misma.

[...]

XI
El cuerpo vence el tiempo
y los signos fatales
que rodean su eterna soledad,
con sus cinco sentidos vigilantes
y sus miles caminos ignorados;
con sus músculos bellos, armoniosos
como haces de cuerdas que vibraran
al golpe sólo de una voz excelsa,
con sus venas azules,
como serenos ríos de vida y muerte:
furtiva corriente
sobre espinas y rosas;
linfa amarga,
humanamente amarga,
contenida
por la presencia oscura
del ser y del no ser de noche y alma
y del eterno Ser que al fin llegamos...

XII
Es bello
el cuerpo
y su misterio;
íntegramente bello
como el sol entre los astros...

Tierra enaltecida
por el sagrado soplo silencioso;
profundo consuelo del espíritu,
como lo dijo el santo,
ascético y tremendo,
naturaleza triste
anegada en Dios
y en el abismo de su propio arcano.

XIII
Así, vencido en la tormenta
o triunfando de ella,
santo de luz o pecador sombrío,
es del hombre confuso el mayor miedo,
el infinito miedo,
su angustia y su sudor de sangre, y frío
delgado como el viento de las cimas solas,
encontrarse lejano de su cuerpo,
como espíritu puro
frente a Dios en silencio,
sin el dolor, humana compañía,
sin el dolor que Dios y el hombre aman,
sin el dolor: sabiduría;
sin el dolor: conciencia;
sin el dolor: amor
y amistad fiel
de la sombra y del alma.

[...]

XV
Origen del futuro
y del regreso,

del lado azul del tiempo
el espíritu aguarda el reposo del cuerpo.

Sobre el dolor y sobre el éxtasis,
sobre el silencio, la sombra,
y sobre el letargo de perfumes lejanos
de vagas reminiscencias
de rosas, humanas
como furtiva sangre contenida,
y seráficos lirios anhelantes;
sobre sí mismo
y su reposo,
el cuerpo sorprendido
volverá a ser el consuelo del espíritu
en silencio,
bajo la intacta claridad de Dios.

Salomón

de la Selva

Nicaragua (1893-1959)

A Jesucristo

Señor, nunca creyera que te amara tanto
ni de este modo,
sintiendo, como siento, tu divino barro
indivisible de mi lodo.

Si me duelen mis heridas
es sólo porque sé
que tus heridas viejas
se te abren otra vez.

Y este empeño de seguir
viviendo entre los vivos,
es porque sudas sangre todavía
en el huerto de olivos.

¡Oh, ten valor hermano!
Aguanta como aguanto yo.
Échame tu cruz al hombro,
¡yo puedo con las dos!

Pablo de Rokha

Chile (1894-1969)

Matemática del espíritu (fragmento)

Miraba y la mirada miraba, y la mirada sola, temblando, pura, atravesaba la sustancia del corazón y, aunque era parecido a una finura esencial y absoluta, a una delgadez de hilo, tenía la energía colorada de las cuchillas y, como era fuerte y dulce y grande, ofendía, y como era fuerte y dulce y grande, daba ganas de asesinarlo, como a las manzanas, o a guatita de mujeres adolescentes.

Parecía forjado de espumas y era forjado de espadas, parecía un vaso de nieblas, un nido de formas distraídas, parecía lo indeterminado, y era la voluntad del universo, desesperándose.

Andando en penumbra, telaraña del infinito, agonía del infinito, cuerpo muerto, ardiendo, pujando, hirviendo, cuerpo muerto, florecía helados espantos amargos, soles de hombres absolutos, piedra vieja, piedra nueva, piedra siniestra y azul natural de entraña, lo negro, lo rojo, lo blanco, que desplaza gritos de aves mundiales.

Acaparaba todo lo extraño y lo problemático, lo inconcluso y lo excesivo, lo huidero y lo infinito, lo que está afuera y lo que está adentro de adentro de adentro, y era querido y explicable como animales.

El monumento, el rascacielo de la voluntad, arrastrándolo, llenándose de árboles poderosos, acumulados, flameado, tronado de banderas enlutadas y absolutas, el eje de su actitud, como un gran álamo amarillo, y aquella tal alma peluda, aquella tal alma confusa, ejecutada en excremento de diamantes universales, multiplicando todas las cosas, en ese enorme aumento.

Sí.

Aquellos ojos del color del color, a una altura azul, llenos
de viento con agua de fuego de tiempo de sueño sin es-
pacio, siempre en aquel presente de la cara, aquellos ojos
o aquellos cabellos de amapola olvidada, grandemente
liberales, olorosos a verdad vegetal, coronando esa figura
nueva, de platino a la luz de la luna, gota de silencio,
parada entre montañas de miel, con tantos pájaros, que
la totalidad se sumerge en el canto de los pájaros de los
pájaros de los pájaros, y emerge un sonido de banderas.
Y cuando hablaba todas las fórmulas gritaban la cabeza
con ojos.
tendida, bocarriba, encima de Jerusalem, llenaba su figu-
ra leguas de leguas, llenaba su figura, tendida, bocarriba,
encima de Jerusalem, territorio de poesía, el crepúscu-
lo la proyectaba, la agrandaba, la iba echando sobre la
enormidad urbana, semejante a una violeta o a una gran
tempestad de dulzura.
¿Traía un Dios asesinado adentro? Traía un Dios asesina-
do adentro; sin embargo, pastaba en su corazón el ganado
estelar, y la geometría del Sinaí, tronchando golondrinas
rurales, triangulada y arbitraria, lamía su evangelio.
Lo mismo que a los emperadores adolescentes, su con-
dición nuevecita de madrugada con gallos blancos, su
juventud de sandía o de comida sin atardeceres, campe-
sina, su actitud de fruta gorda, le iba creciendo, terrible,
en su vestido de manzana, solemne, gigante, con gestos
acerbos de culebra preñada, que va a parir un día llu-
vioso, zarzamora dolorosa del espíritu, y, él andaba muy
serio entre sus palomas, invitando desterrados a la fiesta
de su asesinato.
Esa gran higuera de fuego, organizada en lo íntimo, y
aquel viejo viento nuevo, que canta del otro lado de la

vida, del otro lado del otro lado de la vida, del otro lado del otro lado del otro lado de la vida, y aquella palanca inmensa, que inclina el mundo hacia un costado…

Él quería huir y no podía huir, quería huir de su destino, sacarse del pecho, quitarse del alma aquella condición egregia, aquella bandera, aquella marea del predestinado, su gran locura triste, y el alegre adolescente lloraba en él, por las naranjas y las castañas y las manzanas y las botellitas olorosas del olivo, y por aquellos pechos y aquellos vinos y aquellos sexos de niña tan fina, que parecen aceitunas, aquellos sexos que no habrían de emborracharle *nunca, nunca, nunca,* y por aquella mujer clara y alta, aunque muy pequeña, que no conoció jamás, *nunca, nunca,* y por aquellos días y por aquellas noches, en que debió haber estado tendido, de costado, pegado a la tierra, de costado, escuchando el rumor colosal de adentro.

Estaba muy preocupado de ese diamante amarillo, que se aloja en las entrañas, y va creciendo, como espejo al sol, o como un gran caballo en las llamas, y refleja y proyecta todos los incendios, y arde y cunde y duele y se triza, en sollozos de piedra, estando situado en la inmovilidad cardinal de lo abstracto.

No es que la lágrima sea de condición afligida y dolorosa, no, la lágrima, como el rocío, es, seguramente, un mundo de agua, pero es la flor de los lamentos, toda la flor de los lamentos; él era toda la alegría de la tristeza, aquella gran alegría de la tristeza, aquella gran situación blanca de ser lo negro, absolutamente negro, aquella gran situación blanca de ser lo blanco, absolutamente blanco, aquella gran situación blanca de ser lo rojo, absolutamente rojo, porque él era alegre como hecho, no como significado, como hecho, no como significado del hecho y, así, la muerte es alegre, con su organización helada; de él nacía la tristeza.

No hacía cantos, su acto era su canto, su acto era el canto de su canto, su acto era el canto del canto de su canto, porque no hacía cantos, vivir era cantar, hacer era cantar, y justificarse.

Afirmaría, que era de piedra y no era duro, no, no era duro; avanzaba la arista inmensa hacia afuera y, antes de hacerse efectiva, la había precedido la otra, y la otra de la otra, y la otra de la otra, de la otra, la simultaneidad sucesiva de ese terrible espíritu en oleaje, ardiente de presente y olvidado, como la antigua cuna del mar; no era hachazo, era esa gran magnolia de puñados que se abren; y así como la rebelión oceánica, acaricia el barco en la mano negra de la tormenta, él acariciaba las almas humanas, en su tal tempestad de sueños.

Dicen que anhelaba la eternidad, que la buscaba, que la llamaba y la llevaba adentro, como quien persigue la distancia que contiene.

Hombre sin sombra, cristalino, traspasado de luz; he ahí, el hombre sin sombra, el único del único hombre sin sombra, la voluntad de cristal, perforada de universo, e inmensamente existente, inminente y evidente, como aquello que desplaza el volumen del volumen del volumen, y, es la cantidad, y no es nada, y es nada, y no es nada, sino lo que es indispensable; era la inmensa casa de vidrio de los iluminados, el estilo de agua de humo de agua, tan fluido, que no se opone, que no está situado, y está situado porque es la situación misma de adentro y de afuera, la personalidad ubicua.

Afirman que amaba y es locura, no amaba; el amor no partía de él hacia un objeto, fin o destino, no partía ni venía; *estaba.*

Por eso no buscaba el hijo, *su hijo,* no buscaba el hijo, ni la materia, ni la palabra, ni la figura del hijo, ni tenía padre ni tenía madre, y comenzaba, agonizando, en él, muriendo en él, y estaba cortado y pegado y tronchado y clavado al mundo, de tal manera, que no podía querer sus objetos, sino su sentido, su volumen, su designio.

Y, he ahí, por qué, entonces, no murió por él ni por el hombre, ni por el hijo del hombre; murió por el engrandecimiento de lo heroico; murió así, porque es menester que mueran así, los hombres-campanas, los hombres-murallas de la existencia.

Jorge de Lima

Brasil (1895-1953)

Poema del cristiano

Porque la sangre de Cristo
ha caído en mis ojos
mi visión es universal
y tiene dimensiones que todos ignoran.
Los milenios pasados y los futuros
no me aturden, pues nazco y naceré,
pues soy uno con todas las criaturas,
con todos los seres, con todas las cosas
que descompongo y absorbo con los sentidos
y comprendo con la inteligencia
transfigurada en Cristo.
Tengo los movimientos ensanchados.
Soy ubicuo: estoy en Dios y en la materia;
soy viejísimo y apenas nací ayer,
estoy empapado en los limos primitivos
y, al mismo tiempo, resueno las trompetas finales,
comprendo todas las lenguas, todos los gestos, todos los
signos,
tengo glóbulos de sangre de las razas más opuestas.
Puedo enjugar con una simple seña
el llanto de todos los hermanos distantes.
Puedo extender sobre todas las cabezas un cielo unánime
y estrellado.
Llamo a comer conmigo a todos los mendigos,
y ando sobre las aguas igual que los profetas bíblicos.
Ya no hay oscuridad para mí.
Opero transfusiones de luz en los seres opacos,
puedo mutilarme y reproducir mis miembros, como las
estrellas de mar,

porque creo en la resurrección de la carne y creo en Cristo,
y creo en la vida eterna, amén.

Y, poseyendo la vida eterna, puedo transgredir las leyes
naturales;
vengo e iré como una profecía,
soy espontáneo como la intuición y la Fe.

Soy rápido como la respuesta del Maestro,
soy inconsútil como su túnica,
soy numeroso como su Iglesia,
tengo los brazos abiertos como su Cruz despedazada y
rehecha
a cada instante, en todas direcciones, en los cuatro puntos
cardinales;
y sobre los hombros La conduzco
a través de toda la oscuridad del mundo, porque tengo la
luz eterna en los ojos.

Y teniendo la luz eterna en los ojos, soy el mago mayor;
resucito en la boca de los tigres, soy un payaso, soy el alfa
y la omega, pez, cordero, comedor de
saltamontes, soy ridículo, soy tentado y perdonado, soy de-
rribado al suelo y glorificado, tengo mantos de púrpura y de
estameña, soy burrísimo como San Cristóbal y sapientísimo
como Santo Tomás. Y estoy loco, loco, completamente loco
para siempre, por todos los siglos, loco de Dios, Amén.

Y, siendo la locura de Dios, soy la razón de las cosas, el
orden y la medida;
soy la balanza, la creación, la obediencia;
soy el arrepentimiento, soy la humildad;
soy el autor de la pasión y muerte de Jesús;
soy la culpa de todo.

Nada soy.

Miserere mei, Deus, secundum magnam misericordiam tuam.

Soneto

Me siento salivado por el Verbo,
rodeado de presencias y mensajes,
de santuarios fallados y caídas,
de obstáculos, de limbos y de muros.
Rompo la noche y véote, Solsticio,
o me acojo al amago de las cosas,
renuevo un sacrificio expiatorio,
como a las manos lavo a las palabras.

Esta es zona sin mar y sin distancia,
soledad —sumidero, barro— vivo,
barro en que reconstruyo sangre y voces.

No quiero interrumpirme ni acabarme.
Respirarme en Tu soplo yo deseo,
aparecerme en Ti, continuado.

Versiones de Ángel Crespo

Juana
de Ibarbourou

Uruguay (1895-1979)

Dios

El hombre tierno y cruel, el mirlo músico,
el agua abierta en sus magnolias frescas,
la tierra henchida de metales útiles,
el trompo zumbador de las abejas;
de aquí, a lo alto de la espesa esfera,
el gemido hacia Ti, rezo implorante;
en las celestes horas, risas jóvenes;
en selva y mar los peces y elefantes
que hace tu voluntad de obrero insigne;
el musgo, fiel gamuza de los ángeles;
la rosa elemental que se persigue
para el amor y el verso alucinante;
la belleza y el bien que no se miden,
el carbón superado en los diamantes,
el fuego alado y el alado aire,
todo está en Ti, todo eres Tú, Tú eres,
¡Oh Padre universal, extenso Padre!
Por mi perfecta célula y el alma
que a Ti elevo en jornadas de alabanza,
por la piedra que calla,
por el río que canta,
gracias, Señor mi Dios, tan necesario
que hasta el monstruo te ama.

Ruta

Apaciguada estoy, apaciguada,
muertos ya los neblíes de la sangre.
Silencio es, silencio,
el día que empezaba en jazmín suave.
Por otras calles voy mucho más altas,
bajo un gélido cielo de palomas.
Es limpio, enjuto, el aire que me roza
y hay en el campo frías amapolas.
Serena voy, serena, ya quebradas
las ardientes raíces de los nervios.
Queda detrás el límite
y empieza el nuevo cielo.

Evaristo Ribera Chevremont

Puerto Rico (1896-1976)

Los sonetos de Dios

V

Dios me llega en la voz y en el acento.
Dios me llega en la rosa coronada
de luz y estremecida por el viento.
Dios me llega en corriente y marejada.

Dios me llega. Me llega en la mirada.
Dios me llega. Me envuelve con su aliento.
Dios me llega. Con mano desbordada
de mundos, Él me imprime movimiento.

Yo soy, desde las cosas exteriores
hasta las interiores, haz de ardores,
de músicas, de impulsos y de aromas.

Y cuando irrumpe el canto que a Él me mueve,
el canto alcanza, en su estructura leve,
la belleza de un vuelo de palomas.

VII

Yo por el arco iris a Dios llego
y a lo corpóreo el canto no limito,
porque a Dios, en mi canto, yo me entrego,
y hallo en Dios el amor de lo infinito.

Por el mar de la luz, a luz, navego;
y en el mar de la luz, por luz, habito,
gozoso de sentir el sumo fuego
que en la palabra se transforma en grito.

Del arco iris, que es secreta vía,
procede la seráfica armonía.
El color y la luz hacen mi canto.

Mídame el mundo en mi cabal altura;
y vea que, en mi canto a la hermosura,
el solo amor de lo infinito canto.

Carlos Pellicer

México (1897-1977)

Canto del amor perfecto

Señor,
hoy no te pido nada,
perfecto es ya mi amor:
sólo dulzura y alabanza
sobre la onda dócil de mi corazón.
Una guirnalda te traigo
de rosas plateadas y negras;
una lira que sola te canta,
sus brazos son de roble y sus cuerdas
de palmera.
Te traigo una ola
que salvó toda una noche de pesca.
Las esculturas de los hombres
jamás vieron así a la primavera.
Señor,
tus pies parecen sandalias mágicas.
Tus manos son un poco de agua
con luna,
y de tu gran túnica morada
sale la voz de las albas oscuras.
Tu boca es pálida y serena
como el día que sigue a una batalla.
Tus ojos se abren en la noche
y tu última mirada,
cierra los lentos círculos del alba.
Señor,
tu cuerpo es perfecto
como una dulce ausencia sin nostalgia.
Cuando caminas

bajo los pájaros del estío,
las montañas electrizan
el azul de sus curvas
y la lluvia
cruza
cantando los ríos.
El huracán que rompe sus caracoles,
detiene sus ciegas locomotoras
y te tiende una cinta de espumas
sobre el magno poema de las olas.
El guardafaro se vuelve Beethoven
cuando pasas llenándonos con tu vida sinfónica.
Hoy no te pido nada.
Te traigo una guirnalda
de rosas negras y plateadas.
Nada te pido hoy;
sólo te lleno de alabanzas.
Dulzura y alabanza: sea perfecto el amor.

Sonetos fraternales

"Hermano Sol", nuestro padre San Francisco

A Jaime Sabines

I
Hermano Sol, cuando te plazca, vamos
a colocar la tarde donde quieras.
Tiene la milpa edad para que hicieras
con puñados de luz sonoros tramos.

Si en la última piedra nos sentamos
verás cómo caminan las hileras
y las hormigas de tu luz raseras
moverán prodigiosos miligramos.

Se fue haciendo la tarde con las flores
silvestres. Y unos cuantos resplandores
sacaron de la luz el tiempo oscuro

que acomodó el silencio; con las manos
encendimos la estrella y como hermanos
caminamos detrás de un hondo muro.

II
Hermano Sol, si quieres, voy mañana
a esperarte en la sombra. Tengo el canto
que prefieres, y el cielo que levanto

desde mi pecho, te sabrá a manzana.
Quiero estar junto a ti. De ti dimana
la energía de todo lo que planto.
Tu tempestad de luz busco y aguanto
con limpia desnudez y abierta gana.

Y fui desde la ceiba que da vuelo
hasta el primer escalafón del cielo.
Canté y mi voz estremeció mi muerte.

Hermano Sol: para volver a verte,
ponme en los ojos la humildad del suelo
para que suban con tu misma suerte.

III
Fraternidad solar, uva y espiga;
con el vino y el pan tendí la mesa.
Comenzaba la noche de una ilesa
jornada a toda suerte flor y amiga.

¡A cuánto amor el corazón obliga!
Con la frente divina su sorpresa
divina da la noche, y se profesa
con lirios la lealtad a sol y a hormiga.

Hermano Sol: mi sangre es caloría
de tus entrañas que el Poder Divino
concretó lentamente un ancho día.

Si quieres, a la puerta de mi casa
voy a esperarte. Beberás el vino
y comerás el pan. Enciende y pasa.

Sonetos postreros

Mi voluntad de ser no tiene cielo;
sólo mira hacia abajo y sin mirada.
¿Luz de la tarde o de la madrugada?
Mi voluntad de ser no tiene cielo.

Ni la penumbra de un hermoso duelo
ennoblece mi carne afortunada.
Vida de estatua, muerte inhabitada
sin la jardinería de un anhelo.

Un dormir sin soñar calla y sombrea
el prodigioso imperio de mis ojos
reducido a los grises de una aldea.

Sin la ausencia presente de un pañuelo
se van los días en pobres manojos.
Mi voluntad de ser no tiene cielo.

Villahermosa, mayo de 1952

Haz que tenga piedad de Ti, Dios mío.
Huérfano de mi amor, callas y esperas.
En cuántas y andrajosas primaveras
me viste arder buscando un atavío.

Vuelve donde a las rosas el rocío
conduce al festival de sus vidrieras.
Llaga que en tu costado reverberas,
no tiene en mí ni un leve calosfrío.

Del bosque entero harás carpintería
que yo estaré impasible a tus labores
encerrado en mi cruenta alfarería.

El grano busca en otro sembradío.
Yo no tengo qué darte, ni unas flores.
Haz que tenga piedad de Ti, Dios mío.

Villahermosa, mayo de 1952

Esta barca sin remos es la mía.
Al viento, al viento, al viento solamente
le ha entregado su rumbo, su indolente
desolación de estéril lejanía.

Todo ha perdido ya su jerarquía.
Estoy lleno de nada y bajo el puente
tan sólo el lodazal, la malviviente
ruina del agua y de su platería.

Todos se van o vienen. Yo me quedo
a lo que dé el perder valor y miedo.
¡Al viento, al viento, a lo que el viento quiera!

Un mar sin honra y sin piratería,
excelsitudes de un azul cualquiera
y esta barca sin remos que es la mía.

Villahermosa, mayo de 1952

Nada hay aquí, la tumba está vacía.
La muerte vive. Es. Toma el espejo

y mírala en el fondo, en el reflejo
con que en tus ojos claramente espía.

Ella es misteriosa garantía
de todo lo que nace. Nada es viejo
ni joven para Ella. En su cortejo
pasa un aire frugal de simetría.

Cuéntale la ilusión de que tú ignoras
dónde está, y en los años que incorporas
junto a su paso escucharás el tuyo.

Alza los ojos a los cielos, siente
lo que hay de Dios en ti, cuál es lo suyo,
y empezarás a ser, eternamente.

México, 8 de septiembre de 1950

Luis Palés Matos

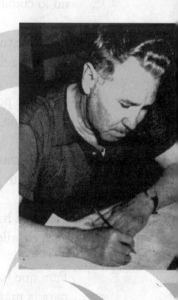

Puerto Rico (1898-1959)

Oración

Para que haya pan blanco en nuestra mesa
y cada sol realice una promesa.

Para que hoy se renueve lo ayer hecho
y cada noche sea nuevo el lecho.

Para que esté fecunda tu belleza
como tu madre la naturaleza.

Para que lo que siembren nuestras manos
no lo coman orugas ni gusanos.

Para que tu velamen de azucena
se hinche de amor en la sensual faena.

Para que por la concha de tu vientre
una harina de perla se concentre,

y cuaje, tras recóndito amasijo,
en el fruto seráfico del hijo.

Para que haya una sábana de armiño
y un caballo con alas para el niño.

Para que haya una aguja laboriosa
para la mano de la buena esposa.

Para que el hombre en el taller propicio
sobreponga la ciencia de su oficio.

Y así, por tu favor y nuestro tino,
florecerá el hogar sobre el camino,
y estará murmurándole al que pasa:
—agua fresca, salud. Esta tu casa—
Señor mío Jesucristo,
Dios y hombre verdadero. Amén.

Rabí Jeschona de Nazaret

Calladamente, profundamente, serenamente,
iba el monarca de las espinas y los abrojos
por las ciudades huracanadas dando a la gente
pan de su ensueño, miel de su vida, luz de sus ojos.

Rey pensativo de los harapos. ¡Oh, caballero
de los silencios interminables sobre los montes!
Pasaba suave como la vaga luz de un lucero,
y ante su paso se desdoblaban los horizontes.

Despreció el oro su azul orgullo de visionario.
Vivió encendido como la brasa de un incensario
y a fuerza de éxtasis se puso mágico y transparente,

y cuando el pueblo bajó hasta el fondo del negro vicio,
este monarca subió a la cumbre del sacrificio
calladamente, profundamente, serenamente.

Gonzalo

Báez-Camargo

México (1899-1983)

Retorno

Voy a seguir Tus huellas,
Jesús, definitivamente.
Sólo beberé el agua de Tu fuente,
Sólo amaré el fulgor de tus estrellas
Y hacia tu faz afirmaré la frente.

¡Cuán pavorosa la aventura
De mi triste desvío!
Mis flores eran cardos, la amargura
De las aguas de Mara mi dulzura,
Mmi luz la sombra y mi calor el frío...

Mas torno a Ti, Jesús, Hermano mío,
Y hoy sí tendrá mi ruta nuevamente
Olor de nardos y brillar de estrellas,
Porque, definitivamente
Voy a seguir Tus huellas.

La nada

Yo soy nada, Señor. Mas de mi nada
Tú puedes hacer algo.

En mi opaca gotita
puedes hacer que se refleje un rayo
de tu luz, y se irise de repente
con los siete colores de tu arco.

Tú puedes convertir mi puñadito
de polvo gris, en un poco de barro
y hacer de él entre tus dedos hábiles
humilde vaso
en que dar un sorbito de tu agua
al sediento y cansado.

Tú puedes darle al soplo que es mi vida
fragancia de tu bálsamo
para dar alivio a donde azote
de los desiertos el candente vaho.

¡Aquí estoy, gota opaca, polvo ínfimo, soplo leve!
Nada soy. Nada valgo.

Tú puedes hacer algo de mi nada
¡Hazlo, Dios mío, hazlo!

Cuando me llames...

Concédeme, Señor, cuando me llames,
que la obra esté hecha:
la obra que es Tu obra
y que me diste que yo hiciera.
Pero también Señor, cuando me llames,
concédeme que todavía tenga
firme el pulso, la vista despejada
y puesta aún la mano en la mancera.
¡Yo sé bien que cuando al cabo falte
mi mano aquí, tu sabia Providencia
otras manos dará para que siga
sin detenerse nunca nuestra siembra!

Gonzalo Báez-Camargo

La carga

Jesús, yo agonizaba lloroso y agobiado,
Sin ánimo ni esfuerzo en mi debilidad,
Porque era mucho el peso de todo mi pecado
¡Y yo ya no podía con tanta iniquidad!

Empero tú miraste mi alma gemebunda
Vagar buscando alivio con angustioso ardor,
Y ungiendo mi cabeza con tu piedad profunda
Sobre ti mismo echaste mi carga de dolor.

Por eso ya no quiero pecar; sería mucha
Mi ingratitud, oh Cristo, si te pagara así,
Y el alma que aliviaste, contra el pecado lucha,
No sólo por sí misma sino también por Ti.

Por Ti, pues cuando peco, mis culpas homicidas
Flagelan tus espaldas sin conmiseración.
Por ti... pues cuando peco se ahondan Tus heridas
Y pesa un nuevo fardo sobre Tu corazón.

Jorge Luis Borges

Argentina (1899-1986)

Del infierno y del cielo

El infierno de Dios no necesita
el esplendor del fuego. Cuando el Juicio
Universal retumbe en las trompetas
y la tierra publique sus entrañas
y resurjan del polvo las naciones
para acatar la Boca inapelable,
los ojos no verán los nueve círculos
de la montaña inversa; ni la pálida
pradera de perennes asfodelos
donde la sombra del arquero sigue
la sombra de la corza, eternamente;
ni la loba de fuego que en el ínfimo
piso de los infiernos musulmanes
es anterior a Adán y a los castigos;
ni violentos metales, ni siquiera
la visible tiniebla de Juan Milton.
No oprimirá un odiado laberinto
de triple hierro y fuego doloroso
las atónitas almas de los réprobos.

Tampoco el fondo de los años guarda
un remoto jardín. Dios no requiere
para alegrar los méritos del justo,
orbes de luz, concéntricas teorías
de tronos, potestades, querubines,
ni el espejo ilusorio de la música
ni las profundidades de la rosa
ni el esplendor aciago de uno solo
de Sus tigres, ni la delicadeza

de un ocaso amarillo en el desierto
ni el antiguo, natal sabor del agua.
En Su misericordia no hay jardines
ni luz de una esperanza o de un recuerdo.

En el cristal de un sueño he vislumbrado
el Cielo y el Infierno prometidos:
cuando el Juicio retumbe en las trompetas
últimas y el planeta milenario
sea obliterado y bruscamente cesen
¡oh Tiempo! tus efímeras pirámides,
los colores y líneas del pasado
definirán en la tiniebla un rostro
durmiente, inmóvil, fiel, inalterable
(tal vez el de la amada, quizá el tuyo)
y la contemplación de ese inmediato
rostro incesante, intacto, incorruptible,
será para los réprobos, Infierno;
para los elegidos, Paraíso.
1942

Juan I.14

Refieren las historias orientales
La de aquel rey del tiempo, que sujeto
A tedio y esplendor, sale en secreto
Y solo, a recorrer los arrabales

Y a perderse en la turba de las gentes
De rudas manos y de oscuros nombres;
Hoy, como aquel Emir de los Creyentes,
Harún, Dios quiere andar entre los hombres

Y nace de una madre, como nacen
Los linajes que en polvo se deshacen,
Y le será entregado el orbe entero,

Aire, agua, pan, mañas, piedra y lirio,
pero después la sangre del martirio,
El escarnio, los clavos y el madero.

Cristo en la cruz

Cristo en la cruz. Los pies tocan la tierra.
Los tres maderos son de igual altura.
Cristo no está en el medio. Es el tercero.
La negra barba pende sobre el pecho.
El rostro no es el rostro de las láminas.
Es áspero y judío. No lo veo
y seguiré buscándolo hasta el día
último de mis pasos por la tierra.
El hombre quebrantado sufre y calla.
La corona de espinas lo lastima.
No lo alcanza la befa de la plebe
que ha visto su agonía tantas veces.
La suya o la de otro. Da lo mismo.
Cristo en la cruz. Desordenadamente
piensa en el reino que tal vez lo espera,
piensa en una mujer que no fue suya.
No le está dado ver la teología,
la indescifrable Trinidad, los gnósticos,
las catedrales, la navaja de Occam,
la púrpura, la mitra, la liturgia,
la conversión de Guthrum por la espada,
la Inquisición, la sangre de los mártires,
las atroces Cruzadas, Juana de Arco,
el Vaticano que bendice ejércitos.
Sabe que no es un dios y que es un hombre
que muere con el día. No le importa.
Le importa el duro hierro de los clavos.
No es un romano. No es un griego. Gime.
Nos ha dejado espléndidas metáforas

y una doctrina del perdón que puede
anular el pasado. (Esa sentencia
la escribió un irlandés en una cárcel.)
El alma busca el fin, apresurada.
Ha oscurecido un poco. Ya se ha muerto.
Anda una mosca por la carne quieta.
¿De qué puede servirme que aquel hombre
haya sufrido, si yo sufro ahora?

Juan Burghi

Uruguay-Argentina (1899)

Revelación

Quien vio tus ojos una vez, ¡Oh Cristo!
Puede decir que ha visto
La luz de un alba
Que toda noche salva.

Quien haya contemplado
La llaga que arde en tu costado,
Difícilmente podrá alzar la mano
Contra el hermano.

Y quien recuerde lo que tú dijiste,
Ya nunca más estará solo y triste,
Y habrá paz y alegría,
Y poseerá la Gran Sabiduría....

Ángel
Martínez Baigorri

España- Nicaragua (1899-1971)

Ángel Martínez Baigorri

Salmo tropical para el día del abrazo (fragmento)

Y un salmo tropical:
con el sol, en mi sangre, de tu tierra,
a un trigal de mi tierra
voy a buscar un trigo tan maduro,
que huela a pan y el pan tan bien horneado, que huela a
carne de Dios.
Con el cielo en mi alma, de tu tierra del Trópico,
voy hasta mi Ribera, para dar a sus viñas en flor toda mi sangre,
y el olor de estas viñas ya granadas, tendrá sabor a vino recio
y el vino sabrá a Dios.
Con tu cielo y mi tierra,
con tu tierra y mi cielo, en una Hostia
y un Cáliz, el abrazo de mi salmo:
¡cómo huele este abrazo y cómo sabe
a viñas en octubre y a trigales dorados en agosto
y a olivos verde-plata en el invierno
—denso olor y sabor a tahonas, lagares y trujales—!
¡Cómo huele este abrazo y cómo sabe
a sol y selva, lagos y volcanes,
a piña y mango, plátano y mameyes,
a corazones rojos entre el verde
del cafetal maduro,
a miel y azúcar en las cañas nuevas
—denso olor y sabor a ingenios, beneficios y potreros—!
a mi tierra y tu tierra
de la que tú, de la que yo, para Hostias
de Dios hemos sido hechos.
¡Y cómo sabe a vida
y cómo sabe a Dios en pan y vino!

Muerte y resurrección
en la palabra

Ésta es la hora inquieta —¡inquietadora!
De cinco a cinco y media de la tarde.

Este desasosiego, este angustioso
mirar a todas partes,
sin fijar en ninguna la mirada,
y ver cerradas todas las salidas del día.
Ni un avión por el cielo, ni una nube,
todo azul y cerrado, todo liso,
ni las alas de un pájaro
—por las que se abra el aire—,
ni la sombra de un ángel en la tierra
toda verde y cerrada, toda lisa
                    —sin cumbres—
ni una ola en el lago, ni una vela,
ni un pez muerto: cerrado todo y liso.
Sin salida en el día., igual y solo.

¿Será la noche puerta
de salida a algún mundo o a algún cielo
donde me halle distinto
del que soy, todo y lejos, quieto y mudo,
en esta hora inquieta?
¿O no habrá más salida que la muerte?
¿O tampoco en la muerte habrá salida?
El Profeta gritaba:

> *Miré a los cielos y no había luz en ellos.*
> *Miré a los cielos y no había luz en ellos.*

Miré a los cielos…:
manecitas inquietas de la ceiba,
todas tus hojas tienen, al moverse
—palabras sin destino—
su número en el ritmo de esta hora.

Ésta es la hora inquieta: cuando todo
calla en el corazón profundo de la tarde;
cuando mi corazón sin brújula se exalta,
cuando cualquier rumor es alarido
                                        —dentro—,
cuando me canta el pecho y no le oigo,
cuando me habla Dios y no le entiendo.

Este desasosiego, esta hora inquieta:
Voy a oír tu silencio con el alma,
a ver si hay una luz en el silencio,
Señor, a ver si oigo con los ojos
—como dice que un día, en una noche,
te he de oír en tu Cara tu Nombre, tu Presencia
total con el Amor en tu Palabra—.

Se han parado a la vez todas las hojas.
Se han quedado a la vez las manos de la ceiba
caídas hacia mí con quietud compasiva
como palabra en paz que dice todo
lo que me cantó el pecho y no escuchaba,
lo que me dijo Dios y no entendía,
lo que en esta hora inquieta
y en un ritmo de luz,
que es su amor, se me mete por los ojos:
verso de paz en la palabra justa

que sin querer nos brota
y al ponerse en los labios cubre el alma,
como las manecitas de la ceiba extendidas
se queda quieto el corazón sin brújula,
fijo en su Norte fijo:
¡oh la palabra divina de la vida que calla!
¡oh silencio armonioso!
La voz de Dios me ha acariciado en verso,
pues al fin sabe Dios que soy como Él me hizo
de número y misterio —su Palabra—
y todo estoy como la tarde quieta
hundido en el silencio de mi hora,
media hora de Dios sobre mis ojos
—y en mi pecho— dormida,
porque éste es el silencio que se hizo
media hora en los cielos,
fijo en mi corazón su Norte fijo,
fijo mi Norte en su Corazón fijo.

Ésta es la hora inquieta —inquietadora—:
de cinco a cinco y media de la tarde.
Bajo su cielo blanco, en la Palabra,
su abrazo se me abrió como una ceiba
toda llena de manos.

         —Soy todo ojos
sobre ti, mi hora inquieta, con mis manos
hacia esas manos verdes extendidas.
Así, Señor, como un día, en mi noche
te he de oír
con los ojos en tu Cara, tu Nombre, tu Presencia
total en el Amor de tu Palabra.
¿Y esta ansia de gritar? Clamor del cielo

sin un rasgón de nubes, todo en sombra,
todo el cielo cubierto de una sola
nube ancha, negra… ¿Y esa luz? ¡Qué horrible!
¡Es esa luz artificial: luz de nombres!

Ya la apagué. ¡Qué bien todo en la sombra!
¿Y por dónde ha de penetrar
mi grito ingrato al cielo?
Pero estoy bien así: todo en la sombra
y yo una sombra más —de cuerpo y alma—
que en la sombra se hunde de su sombra.

Bien, ¿pero esta otra luz dentro? —¿La mato?
Este es mi grito ingrato al cielo: —Nunca
podrás matar en ti la luz que te hace sombra,
que en la sombra del cielo quiere hundirse,
aniquilarse… Nunca, nunca, nunca
—¡Qué horrible esa luz de hombre!— podrás, nunca,
fundirla con la luz de que eres sombra
extendida en la anchura de los cielos.

—La inapagable Luz que es Ser, Luz sola,
va tan dentro de mí, que su apagarse
es sólo proyectar sobre las cosas
la sombra de mi cuerpo y de mi alma.
Puedo yo a Ella morir en ella: nunca
muere Ella en mí…—
                              Sólo un momento y me hundo,
siento que se hunde todo mi ser: mi grito
soy yo alzándome a la sombra, siento
que me hundo en la honda luz muerta de mí mismo.

La muerte de la luz, ¿no es también sombra?
¿De qué sirvió apagar la luz de fuera?
De aquí a un rato saldrá la luna rota…

(Los ratones del tiempo se la comen
en quince días toda y sólo dejan
su sombra blanca contra el cielo, como
un recuerdo de luna.
Pero luego el recuerdo blanco crece
en la secreta claridad del día
y se hace en quince días luna llena.)

Pronto aparecerá la luna rota:
—¿No oyes cómo la está llamando el lago?

No quisieras ser mar, pero quisieras
como el grito del mar llenar la noche.
No, no diré cuál es la sombra inmensa
que es tan yo como yo mismo, ni el grito
de luz muerta que llena mi ancha noche,
ni el mar que se hunde en mi hondo mar, ahogado.

¿A qué decir —y es ya que no lo he dicho?—
cuál es la inmensa sombra densa y sola
sobre todos mis cielos extendida?
—Todo el cielo cubierto de una sola
nube ancha, negra, en esta luz… ¡Luz de hombre!

¡Oh luz inextinguible, alta y profunda,
que ardes en mí y de la que soy yo mismo
vivo, tu llama, y sólo sombra, muerto!

—¿La muerte de la luz no es noche y sombra?
Muerto a Ti, soy la sombra de un sol muerto;
vivo en Ti, llama y sol de tu Sol vivo.

5 de febrero de 1942

Romelia Alarcón Folgar

Guatemala (1900-1970)

Epístola irreverente a Jesucristo
(fragmento)

I
Cristo,
bájate ya de tu cruz y lávate las manos,
lava tus rodillas y tu costado,
peina tus cabellos,
calza tus sandalias
y confunde tus pasos
con todos los que te buscan
por las cordilleras y el mar,
por las comarcas,
por el aire,
por las alambradas de los caminos.
Tú solucionas cualquier cosa,
para Ti todo es fácil
y entonces
¿qué esperas?
¿por qué no bajas de tu cruz ahora mismo?,
sin parábolas, con batas
y sueltos arrecifes vengativos
en las manos.
Y se llenen los pueblos de hombres liberados
y el sol de mediodía,
huertos, palomas y rosas
de corolas intactas
de clarines que anuncien
pacíficas mañanas.

Cristo,
baja ya de tu cruz,

donde millares de hombres contigo
están crucificados:
lava tus manos y sus manos,
tus rodillas y sus rodillas,
tu costado y el costado de ellos;
lava tu frente y la frente de ellos
coronada de espinas.

Que no prosiga tu martirio inmóvil,
muestra tu ira,
baja ya de tu cruz,
mézclate con los hombres que te aman.

Francisco Luis Bernárdez

Argentina (1900-1983)

Soneto de la Encarnación

Para que el alma viva en armonía,
con la materia consuetudinaria
y, pagando la deuda originaria,
la noche humana se convierta en día;

para que a la pobreza tuya y mía
suceda una riqueza extraordinaria
y para que la muerte necesaria
se vuelva sempiterna lozanía,

lo que no tiene iniciación empieza,
lo que no tiene espacio se limita,
el día se transforma en noche oscura,

se convierte en pobreza la riqueza,
el modelo de todo nos imita,
el Creador se vuelve criatura.

Francisco Luis Bernárdez

Palabras a una cruz de palo

Así como en el llanto del poniente
se presiente el vagido de la aurora,
tu plenitud sacramental de ahora
su adolescencia vegetal presiente.

Eras un álamo, meditabundo
como la amanecida del cariño,
cuando para un espíritu de niño
es un muñeco destripado el mundo.

Un álamo poeta hubieras sido
si un destino mejor no convirtiera
en ave tu metáfora primera
y tu primer epitalamio en nido.

Leal a tu destino como ahora,
estabas tan ausente y tan arriba
que ignorabas tu sombra como ignora
las ofensas un alma comprensiva.

Y como eras hermano de Jesús,
para representarte su memoria,
un día, tu materia transitoria
jerarquizaste eternamente en cruz.

Si bastan cuatro tiempos de compás
para ceñir el cósmico concierto,
para abrazar el infinito incierto
bastan tus cuatro brazos, nada más.

De tu cuádruple abrazo es el esfuerzo
síntesis de las cuatro lejanías
y las elementales energías
en que se crucifica el universo.

En trescientos sesenta grados que
resumen tu cuadrángulo me fundo
para medir la órbita del mundo
y la circunferencia de mi fe.

Con tu símbolo + sumo las dos
hipótesis del tiempo y el espacio
y mi voracidad de lumbre sacio
despejando la incógnita de Dios.

Eres conciliadora abreviatura
de dos caminos de peregrinante:
uno ideal tendido hacia adelante,
y otro sentimental, hacia la altura.

Tus aspas son el único molino
que con suspiros de plegaria rueda
para que el hombre bondadoso pueda
moler el trigo de su pan divino.

Anuda tanta caridad y tanta
misericordia de perdón tu nudo,
que te pareces al sollozo mudo
que está crucificando mi garganta.

José Gorostiza

México (1901-1973)

Muerte sin fin (fragmento)

¡Mas que vaso —también—, más providente!
Tal vez esta oquedad que nos estrecha
en islas de monólogos sin eco,
aunque se llama Dios,
no sea sino un vaso
que nos amolda el alma perdidiza,
pero que acaso el alma sólo advierte
en una transparencia acumulada
que tiñe la noción de Él, de azul.
El mismo Dios,
en sus presencias tímidas,
ha de gastar la tez azul
y una clara inocencia imponderable,
oculta al ojo, pero fresca al tacto,
como este mar fantasma en que respiran
—peces del aire altísimo—
los hombres.
¡Sí, es azul! ¡Tiene que ser azul!
Un coagulado azul de lontananza,
un circundante amor de la criatura,
en donde el ojo de agua de su cuerpo
que mana en lentas ondas de estatura
entre fiebres y llagas;
en donde el río hostil de su conciencia,
¡agua fofa, mordiente, que se tira,
ay, incapaz de cohesión al suelo!,
en donde el brusco andar de la criatura
amortigua su enojo,
se redondea

166

como una cifra generosa;
se pone en pie, veraz, como una estatua.
¿Qué puede ser —si no— si un vaso no?
Un minuto quizá que se enardece
hasta la incandescencia,
que alarga el arrebato de su brasa,
¡ay!, tanto más hacia lo eterno mínimo
cuanto es más hondo el tiempo que lo colma.
Un cóncavo minuto del espíritu
que una noche impensada,
al azar
y en cualquier escenario irrelevante
—en el terco repaso de la acera,
en el bar, entre dos amargas copas
o en las cumbres peladas del insomnio—,
ocurre; nada más, madura, cae
sencillamente,
como la edad, el fruto y la catástrofe.
¿También —mejor que un lecho— para el agua
no es un vaso el minuto incandescente
de su maduración?
Es el tiempo de Dios que aflora un día,
que cae; nada más, madura, ocurre,
para tornar mañana por sorpresa
en un estéril repetirse inédito,
como el de esas eléctricas palabras
—nunca aprehendidas,
siempre nuestras—
que eluden el amor de la memoria,
pero que a cada instante nos sonríen
desde sus claros huecos
en nuestras propias frases despobladas.

Es un vaso de tiempo que nos iza
en sus azules botares de aire
y nos pone su máscara grandiosa,
¡ay!, tan perfecta,
que no difiere un rasgo de nosotros.
Pero en las zonas ínfimas del ojo,
en su nimio saber,
no ocurre nada, no; sólo esta luz,
esta febril diafanidad tirante,
hecha toda de pura exaltación,
que a través de su nítida substancia
nos permite mirar,
sin verlo a Él, a Dios,
lo que detrás de Él anda escondido:
el tintero, la silla, el calendario
—¡todo a voces azules, el secreto
de su infantil mecánica! —
en el instante mismo que se empeña
en el tortuoso afán del universo.

Murilo Mendes

Brasil (1901-1975)

Salmo Nº 1

Mi espíritu ansía la llegada de la esposa,
Mi espíritu ansía la gloria de la Iglesia,
Mi espíritu ansía las nupcias eternas
Con la musa preparada por mil generaciones.
Yo me he de precipitar en Dios como en un río,
Porque no me contengo en los límites del mundo.
Dénme pan en exceso y yo quedaré triste,
Dénme lujo, riquezas, quedaré más triste.
¿Para qué resolver el problema de la máquina
Si mi alma sobrevuela la propia poesía?
Sólo quiero reposar en la inmensidad de Dios.

Iglesia mujer

La iglesia llena de curvas avanza hacia mí,
Enlazándome con ternura —pero quiere asfixiarme.
Con un brazo me indica el seno y el paraíso,
Con otro brazo me convoca al infierno.
Ella asegura el Libro, ordena y habla:
Sus palabras son latigazos para mí, rebelde.
Mi pereza es mayor que toda la caridad.
Ella amenaza vomitarme de su boca,
Respira incienso por las narices.
Siete espadas siete pecados mortales traspasan su corazón.
Arranca del corazón las siete espadas
Y me envuelve cantando la queja que viene de lo Eterno,
Auxiliada por la voz del órgano, de las campanas y por el coro de los desconsolados.
Ella me insinúa la historia de algunas de sus grandes hijas
Impuras antes de subir a los altares.
Me señala a la madre de su Creador, Musa de las musas,
Acusándome porque exalté por encima de ella a la mudable Berenice.
La iglesia llena de curvas
Quiere incendiarme con el fuego de los candelabros.
No puedo salir de la iglesia ni luchar con ella
Que un día me absolverá
En su ternura totalitaria y cruel.

Versiones de Rodolfo Alonso

San Juan de la Cruz

Vivir organizando el diamante
(intuyendo su faz) y escondiéndolo.
Tratarlo con ternura castigada.
Ni en el desierto suspenderlo.

Pero
Vivir consumido de su gracia.
Obedecer a ese fuego frío
Que se resuelve en punto rarefacto.
Vivir: de su silencio aprendiéndose.
No temer su pérdida en lo oscuro.

*

Y, del propio diamante ya olvidado,
Morir, de su esqueleto vaciado:
Para poder ser todo, es preciso ser nada.

Versión de Ángel Crespo

Sante Uberto Barbieri

Italia-Brasil (1902-1991)

Coloquio en la noche

—¿Señor, dónde peregrinabas tú,
mientras yo predicaba a los aymaras
en la capilla del monte?
—Allí, oculto entre los atentos indígenas,
escuchaba también tus decires.
—Parecióme, en verdad, sentir tu bendita Presencia,
sacudirme,
atizar las ascuas del alma
con tu divina pasión
rociarme los labios
con la unción de tu palabra;
pero, no fuéme dado verte.
—Si mirado hubieses con mayor afán
en los ojos inquietos de esos niños aymaras
hubieras, ciertamente, descubierto
mi añoranza eterna por el eterno amor.

La Paz, Bolivia, abril 27 de 1951

El ojo de Dios

Entre los nubarrones cargados de lluvia,
en la noche,
por un momento,
brilló en la oscuridad húmeda
el titilar de una estrella;
era como el ojo de Dios
mirando hacia abajo,
recordando a los hombres
que Él todavía vigilaba arriba
y... misericordiosamente.

Estados Unidos, fin de invierno, 1950

Nuestra alma

Cual hoja blanca y limpia
es nuestra alma cuando a la tierra baja,
después el mundo proyecta sobre ella sus sombras
y sus dolores.
Sólo cuando vuelve de nuevo a los páramos celestes,
después de mucho sufrir
y amar
en compañía de Cristo,
recobra su primitiva candidez.

Enero 24 de 1948

Dulce María Loynaz

Cuba (1902-1997)

La oración de la rosa

Padre nuestro que estás en la tierra; en la fuerte
y hermosa tierra;
en la tierra buena:

Santificado sea el nombre tuyo
que nadie sabe; que en ninguna forma
se atrevió a pronunciar este silencio
pequeño y delicado..., este
silencio que en el mundo
somos nosotras
las rosas...

Venga también a nos, las pequeñitas
y dulces flores de la tierra,
el tu Reino prometido...

Hágase en nos tu voluntad, aunque ella
sea que nuestra vida sólo dure
lo que dura una tarde...

El sol nuestro de cada día, dánoslo
para el único día nuestro...

Perdona nuestras deudas
—la de la espina,
la del perfume cada vez más débil,
la de la miel que no alcanzó
para la sed de dos abejas...—,
así como nosotros perdonamos

a nuestros deudores los hombres,
que nos cortan, nos venden y nos llevan
a sus mentiras fúnebres,
a sus torpes o insulsas fiestas…

No nos dejes caer
nunca en la tentación de desear
la palabra vacía —¡el cascabel
de las palabras!… —,
ni el moverse de pies
apresurados,
ni el corazón oscuro de
los animales que se pudre…
Más líbranos de todo mal.

Amén.

Poema IV

Con mi cuerpo y mi alma he podido hacer siempre lo
que quise.
Mi alma era rebelde y, como los domadores en el circo,
tuve que enfrentarme con ella, látigo en mano...
Pero la hice al fin saltar arcos de fuego.
Mi cuerpo fue más dócil. En realidad, estaba cansado de
aquel trajín de alma y sólo quería que lo libraran de ella.
No acerté a hacerlo; pero ahora, en paz con mi alma
y acaso un poco en deuda con mi cuerpo, pienso que
rebañé en los dos algunas migajas de Marta y algunas
otras de María...
Migajas nada más; pero me bastan para poder decir,
cuando me lo pregunten, que he servido al Señor.

Germán
Pardo García

Colombia (1902-1991)

Final talud

¡He llegado a un talud en mi aventura
de circunvalador del infinito!
¡Mi nombre dejo sobre el agua escrito,
o en la pared que la humedad rotura!

¡Como soldado defendí clausura!
¡Como silente sepulté mi grito!
¡Como demonio padecí proscrito
y como arcángel me cubrí de albura!

¡Arbóreo el esternón, selva de acanto
con estruendo de nubes aquilinas!
¡Del salitroso manantial del llanto

tuve en la faz cisternas masculinas,
y en los pliegues magnéticos del manto
la Clave de las Páginas Divinas!

Eternidad

Con palabras tranquilas, armoniosas,
me preguntas: ¿cómo es la Eternidad?
¿Palpita cual las venas misteriosas
o el fuego en su divina intensidad?

¡No lo sé! te responden temerosas
mis palabras de interna oscuridad.
¡Puede ser la materia de las cosas!
¡Tal vez el Mundo, acaso la Verdad!

¡Espera! —¿Y a qué aguardo?— Tus preguntas
me hieren el espíritu cual puntas
de una lanza. Y en mi perplejidad,

¡no lo sé! te respondo. ¡Mas si esperas,
ese instante en que viva te incineras
sin morir, puede ser la Eternidad!

Rogelio Sinán

Panamá (1904-1994)

Incendio

Primer tiempo: La voz del pánico

> *Quivi sospiri, pianti e alti guai*
> *risonavan per l'aere senza stelle*
> DANTE, *Inferno*

Sirenas sin gemidos ni palabras
—mudo canto que sólo oyó la muerte—
clavaron agonías en la noche.
Callado jeroglífico del grito
que no partió los sueños
ni saturó de alarma las tinieblas.
¿Qué voz estrangulada podía ser más certera
que una mano de luz pintando el cielo
y adelantando el alba?
Enloquecidos quedaron los relojes,
y un aullido de sol mordió el espacio
precipitando sangre y arreboles.
Incandescentes garfios dolorosos
sacaron de su sueño almas a flote
ya en alas del infierno.
¡Furia de Dios en ráfagas!
¡Piafar innumerable
—miedo en marcha—
corriendo hacia el crepúsculo!
Los cántaros del alba se rompieron,
y el Santo Grial del sol —ya derramado—
se regó por el cielo.
De todos los caminos la rosa de los vientos
lanzó flechas de sangre.

¡Miserere, miserere, Señor,
calma tu cólera!
¡Mil potros degollados trotando cielo arriba
con las crines al viento enrojecidas!
¡Todo el humo del mundo,
todo el gas preparado para la guerra ruge!
¡Las máscaras del miedo ya no bastan
y las manos
ya no pueden asirse en la distancia!
—¿Quién pudiera subirse en una nube?

Segundo tiempo: La voz de la agonía

Ed ecco a poco a poco un fummo farsi
verso di noi come la notte scuro.
Dante, *Purgatorio*

—¡Dame tu brisa, mar, tu brisa pura
para saciar mi voz y mis entrañas!
—¡Dame, Señor, tu gracia y tus pulmones
para amarrar el aire con mis venas!
—¡Mi sangre no respira!
—¡Mis pupilas dan vueltas en la noche!
—¿Qué aguijones me desgarran las carnes?
—¡Señor, misericordia!
—¿Por qué ocultas el agua de tus cauces?
—¡Precipita los ríos de tus montañas!
—¡Abre todas las fuentes de la vida!
—¡Una gotita de aire puro, Señor!
—¡Una gotita!
—¡Tan sólo una gotita para mi sed amarga!
—¡Mi grito se ha partido!

—Mi voz sangra en las sombras, torturada
por alfileres de humo.
—Pero sólo responden los ángeles del fuego
aguijoneándonos por todos los rincones.
—Sólo lenguas de fuego ensayan muecas
desde el techo, los muebles y las sábanas.
—Mil fusiles de llanto enrojecido
nos van ametrallando.
—¡Mi palabra se vuelve tos quemada!
—¡Misericordia, Señor, misericordia!
—¿Por dónde hemos de huir si por doquiera
sólo tragamos muerte?
—Somos náufragos
en medio de un océano de fuego y brea.
—Carne encendida,
se pierde nuestro aliento entre las nubes.
—¿Qué esperanza de fuente ha se salvarnos?
—Señor, ya que lo quieres, recibe este holocausto
de pena, grito y llanto.
—Navegando en el humo van a ti nuestras almas.
—¡Aleluya! ¡Aleluya!

Tercer tiempo: La voz de la plegaria

E vidi lume in forma di rivera
fulvido di fulgore intra due rive
dipinte di mirabil primavera.
Dante, *Paradiso*

—¡Qué demasiado tarde se han abierto
los ríos de la alborada!

¡Qué musical torrente ha penetrado
por todas las heridas!
—¡Qué suave y retardada esta caricia
del agua redentora!
—Ya las llamas adormecen su cólera.
—Ya no enseñan los dientes, ya no rugen.
—Y el globo de los cielos va a estallar de tanto humo.
—Sólo tiniebla y agua.
—Agua y tinieblas.
—Cataratas, torrentes, marejadas.
—Nuestros cuerpos, ya fríos, lejos del llanto,
flotan en un océano interminable.
—Giran… Giran en un gran torbellino.
—¿Ya para qué tanta agua? ¡Señor, detén el agua!
—¡Qué respeten por lo menos la muerte!
—Pero nadie nos oye. Nuestros cuerpos
siguen girando mudos en el gran torbellino.
—Se entrechocan, se cruzan y vuelven a girar.
—¿Ninguna mano podrá cerrar las fuentes de este
aguaje?
—¿Giraremos acaso eternamente?
—Nuestro grito seguirá suspendido y desgarrado
sobre todos los niños y las madres,
sobre todas las almas. ¡Miserere!
—¡Miserere, Señor!

Eugenio Florit

Cuba (1903-1999)

Martirio de San Sebastián

Sí, venid a mis brazos, palomitas de hierro;
palomitas de hierro, a mi vientre desnudo.
Qué dolor de caricias agudas.
Sí, venid a morderme la sangre,
a este pecho, a estas piernas, a la ardiente mejilla.
Venid, que ya os recibe el alma entre los labios.
Sí, para que tengáis nido de carne
y semillas de huesos ateridos;
para que hundáis el pico rojo
en el haz de mis músculos.
Venid a mis ojos, que puedan ver la luz;
a mis manos, que toquen forma imperecedera;
a mis oídos, que se abran a las aéreas músicas;
a mi boca, que guste las mieles infinitas;
a mi nariz, para el perfume de las eternas rosas.
Venid, sí, duros ángeles de fuego,
pequeños querubines de alas tensas.
Sí, venid a soltarme las amarras
para lanzarme al viaje sin orillas.
¡Ay! qué acero feliz, qué piadoso martirio.
¡Ay! punta de coral, águila, lirio
de estremecidos pétalos. Sí. Tengo
para vosotras, flechas, el corazón ardiente,
pulso de anhelo, sienes indefensas.
Venid, que está mi frente
ya limpia de metal para vuestra caricia.
Ya, qué río de tibias agujas celestiales.
Qué nieves me deslumbran el espíritu.
Venid. Una tan sólo de vosotras, palomas,

para que anide dentro de mi pecho
y me atraviese el alma con sus alas…
Señor, ya voy, por cauce de saetas.
Sólo una más, y quedaré dormido.
Este largo morir despedazado
cómo me ausenta del dolor. Ya apenas
el pico de estos buitres me lo siento.
Qué poco falta ya, Señor, para mirarte.
Y miraré con ojos que vencieron las flechas;
y escucharé tu voz con oídos eternos;
y al olor de tus rosas me estaré como en éxtasis;
y tocaré con manos que nutrieron estas fieras palomas;
y gustaré tus mieles con los labios del alma.
Ya voy, Señor. ¡Ay! qué sueño de soles,
qué camino de estrellas en mi sueño.
Ya sé que llega mi última paloma…
¡Ay! Ya está bien, Señor, que te la llevo
hundida en un rincón de las entrañas!

Momento de cielo

Y desde allí miró:
su cuerpo descansaba en sueño largo,
inútil con su sangre indiferente.
Pero desde la altura,
hermano de las nubes, asomado
a una esquina del cielo,
se veía en lo hondo aprisionado
al dolor, a la risa,
cuando con él ahora estaba
el azul-negro y la total ausencia.
¿Dónde aquella mirada?
¿Dónde la lágrima? ¿Dónde
el triste pensamiento?

Allí sí, abajo revolaban
dentro y sobre su cuerpo
los dardos con su punta,
los agudos cuchillos;
los deseos allí, con su pequeño
círculo de palabras y suspiros.
Pero los sueños, qué altos
ahora con él sobre las nubes,
asomado
a una esquina del cielo.
Ahora cerca del sol eterno,
cerca de Dios, cerca de nieves puras,
en la deslumbradora Presencia transformado.

No era mirar la altura
que estaba sobre él. Delicia era
de saberse más alto que el dolor,
puro sobre su cieno,
tranquilo ya sobre sus lágrimas,
grande sobre su amor de tierra,
firme sobre columna de aire y nubes.

Estar así, donde se juntan
los días y las noches.
Donde al pensar se encienden más estrellas.
Donde se sueña, y nace Dios.
Donde Dios ha nacido en nuestro sueño.
Alto, para estar libre.
Libre, solo y etéreo.
Cómo veía inútil
desde su altura el cuerpo.

Y qué color de rojos a sus pies,
de amarillo y violeta del ocaso,
de grises, de jirones áureos;
y después, a la ausencia momentánea
del sol para su cuerpo en tierra,
los azulados tintes y las sombras
como unos pensamientos oscuros de la luna.

Pero desde él, desde la altura,
la sombra de allá abajo parecía
un color que se muda entre dos puntos,
entre el ya y el aún: el impreciso
resbalar de la luz por la penumbra.

Sueño del sueño.
Su éxtasis de hombre, junto al cielo, a la entrada de Dios,
frente a la puerta libre y ancha
de su más noble pensamiento.

Jorge

Carrera Andrade

Ecuador (1903-1978)

Nueva oración por el ebanista

A Gabriela Mistral

Tú, que ibas con tu padre carpintero
a la altura, Señor, a cortar abedules
y hacías con tus ojos
parpadear los mil ojos diminutos del hacha
y con tus tiernas manos llorar a las cortezas,
ten piedad por este hombre que hizo plana su vida
como una mesa humilde de madera olorosa.

No conoció del mundo
más que su casa, pobre barco en tierra,
y dio a su corazón la actitud de una silla
en espera de todos los cansancios.

Guía, Señor, sus pies por los bosques del cielo
y hazle encontrar sus muebles de madera
más adictos que perros que no enseñan los dientes
y olfatean los seres de la noche...
En tu celeste fábrica dale para sus manos
la garlopa del tiempo
y virutas de nubes con aserrín de estrellas.

Hombre planetario (fragmentos)

II

Camino, mas no avanzo.
Mis pasos me conducen a la nada
por una calle, tumba de hojas secas
o sucesión de puertas condenadas.
¿Soy esa sombra sola
que aparece de pronto sobre el vidrio
de los escaparates?
¿O aquel hombre que pasa
y que entra siempre por la misma puerta?
Me reconozco en todos, pero nunca
me encuentro en donde estoy. No voy conmigo
sino muy pocas veces, a escondidas.
Me busco casi siempre sin hallarme
y mis monedas cuento a medianoche.
¿Malbaraté el caudal de mi existencia?
¿Dilapidé mi oro? Nada importa:
se pasa sin pagar al fin del viaje
la invisible frontera.

V

Eternidad, te busco en cada cosa:
en la piedra quemada por los siglos,
en el árbol que muere y que renace,
en el río que corre
sin volver atrás nunca.
Eternidad, te busco en el espacio,
en el cielo nocturno donde boga
el luminoso enjambre,

en el alba que vuelve
todos los días a la misma hora.
Eternidad, te busco en el minuto
disfrazado de pájaro
pero que es gota de agua
que cae y se renueva
sin extinguirse nunca.
Eternidad: tus signos me rodean
mas yo soy transitorio,
un simple pasajero del planeta.

Luis
Cardoza y Aragón

Guatemala (1904-1994)

Jaculatoria al Dios ignoto

De perdón tejido y fatalidad
por el ángel tristísimo del sueño,
siento la luz de un día, allá, del otro lado,
su precisa pureza, su insatisfecha furia.
Heme aquí conteniendo con mis párpados
que no quieren cerrarse, ¡oh, Dios Ignoto!
ni bajo el peso de tu propio olvido,
la infinita invasión de la tierra.
Acaso dentro de mi muerte vas volando
de la piedra a tal vez, a nunca, al fuego.
Y del fuego volando al imposible
y del sueño a tu mineral palabra.
¿Quién soy, si no sé qué me dice
tu ya casi palpable ausente rostro
que me nombra y me olvida y me nombra,
como ser maldito, amado, aborrecido?
Nada sé. Sólo soy presentimiento.
Es necesario. El paraíso existe.
Yo quiero nada más recordarme. ¡Nada más!
Voces escucho y repito los ecos:
Tiembla en mi voz incógnito lamento.
Yo quiero nada más acordarme. ¡Nada más!
Alguien quiere que yo diga. ¡Que yo diga!
Alguien que me habla más allá ¡más allá!
donde las cosas viven y los hombres sueñan.
Donde tú, Dios Desconocido…
Ni luz. Ni sombra. Nada.
Sólo tú lo sabes.

(Imposible terminar este poema.
Como todo poema, nunca acaba.)

Nicolás Guillén

Cuba (1902-1989)

A Jesu-Cristo

La rosa del amor y del consuelo
floreció, esplendorosa, entre tu mano
y a tu acento, el dios rudo del pagano
cubrió sus desnudeces con un velo.

De la existencia en el mortal desvelo
fuiste un rayo de luz sobre lo humano
y en el lodo podrido del pantano
tu piedad derramó flores del cielo.

Alumbró tu pupila santa y buena
la noche del dolor y de la pena;
secaste llantos, disipaste dudas,

bajaste de la vida a lo profundo
¡y al fin hallaste la maldad del mundo
en el rastrero corazón de Judas!

Señor...

Éntrate en mis abismos,
Señor, y en ellos vierte
la fe con que se triunfa
del Mal y de la Muerte.
Quema esta llaga hedionda,
verde ya de podrida,
que lacera mi espíritu
y me roba la calma
y enciende entre las sombras
rebeldes de mi alma
el amor del que sufre
y el perdón del que olvida.

Señor: dame la gracia
celestial de ser bueno.
Hazme albura de armiño
en todo bajo cieno.
Trueca mi grito enorme
en suavidad de arrullo
y doma los lebreles
grises de mis crueldades,
y abate mi alta torre
de absurdas vanidades,
y lima las aristas
ásperas de mi orgullo.

Que así seré yo entonces
—de suave amor henchido—
caricia en el granate

de tu costado herido;
voz que en tu gloria eleve
sus místicos cantares,
miel en tu negra esponja
de vinagre inclemente,
piadosa golondrina
para tu rota frente
y diminuto grano
de incienso en tus altares…

Pablo Neruda

Chile (1904-1973)

Esta iglesia no tiene

Esta iglesia no tiene lampadarios votivos,
no tiene candelabros ni ceras amarillas,
no necesita el alma de vitrales ojivos
para besar las hostias y rezar de rodillas.

El sermón sin inciensos es como una semilla
de carne y luz que cae temblando al surco vivo:
el Padre-Nuestro, rezo de la vida sencilla,
tiene un sabor de pan frutal y primitivo...

Tiene un sabor de pan. Oloroso pan prieto
que allá en la infancia blanca entregó su secreto
a toda alma fragante que lo quiso escuchar...

Y el Padre-nuestro en medio de la noche se pierde,
corre desnudo sobre las heredades verdes
y todo estremecido se sumerge en el mar...

Gautama Cristo

Los nombres de Dios y en particular de su representante
llamado Jesús o Cristo, según textos y bocas,
han sido usados, gastados y dejados
a la orilla del río de las vidas
como las conchas vacías de un molusco.

Sin embargo, al tocar estos nombres sagrados
y desangrados, pétalos heridos,
saldos de los océanos del amor y del miedo,
algo aún permanece: un labio de ágata,
una huella irisada que aún tiembla en la luz.

Mientras se usaban los nombres de Dios
por los mejores y por los peores, por los limpios y por
los sucios,
por los blancos y los negros, por ensangrentados asesi-
nos
y por las víctimas doradas que ardieron en napalm,
mientras Nixon con las manos
de Caín bendecía a sus condenados a muerte,
mientras menos y menores huellas divinas se hallaron
en la playa,
los hombres comenzaron a estudiar los colores,
el porvenir de la miel, el signo del uranio,
buscaron con desconfianza y esperanza las posibilidades
de matarse y de no matarse, de organizarse en hileras,
de ir más allá, de ilimitarse sin reposo.
Los que cruzamos estas edades con gusto a sangre,
a humo de escombros, a ceniza muerta,

y no fuimos capaces de perder la mirada,
a menudo nos detuvimos en los nombres de Dios,
los levantamos con ternura porque nos recordaban
a los antecesores, a los primeros, a los que interrogaron,
a los que encontraron el himno que los unió en la desdicha
y ahora viendo los fragmentos vacíos donde habitó
aquel nombre
sentimos estas suaves sustancias
gastadas, malgastadas por la bondad y por la maldad.

Clara Silva

Uruguay (1905-1976)

Despiértate, Señor

Despiértate, Señor, que se hace tarde;
tu sangre entre mis sombras amanece;
no me niegues, Señor; mi muerte crece
de incierta vida, de engañoso alarde.

Deja los muertos que la muerte guarde,
aparece en mi voz, desaparece,
muerde la rosa, vence, prevalece,
resplandece en tu aliento que me arde.

Pena de Ti, mi pena de tu olvido
busca la mano que la suelte presa,
clara en el sueño si en la vida oscura.

¿Tal vez alguna vez Tú me has oído...?
Derramada en tu cuerpo y en tu mesa,
tu principio en mi muerte se apresura.

Te pregunto, Señor

Te pregunto, Señor,
¿es ésta la hora
o debo esperar que tu victoria nazca
de mi muerte?
No soy como tus santas,
tus esposas,
Teresa, Clara, Catalina,
que el Ángel sostiene en vilo
sobre la oscuridad de la tierra,
mientras tu aliento
tempranamente las madura.
No soy siquiera como aquellas
que te siguen humildes
en el quehacer del pan y la casa,
pero amamantando tu esperanza
sin saber de tus graves decisiones.
Soy como soy
yo misma,
la de siempre,
con esta muerte diaria
y la experiencia triste
que guardo en los cajones
como cartas;
con mi pelo, mi lengua, mis raíces,
y el escándalo que hago con tu nombre
para oírme;
y tu amor que revivo en mí cada mañana,
masticando tu cuerpo
como un perro su hueso.

Y nada me ha cambiado,
me derriba en el cuerpo de mi sombra
cada acto de amor, cólera o llanto,
espadas que me cruzan y te cruzan.
De todo lo que fue,
de lo que espero,
el alma se me quema.
Y no fulgura.

José
Coronel Urtecho

(1906-1994)

Credo

Gracias porque abro los ojos y veo
la salida del sol, el cielo, el río
en la mañana diáfana de estío
que llena hasta los bordes mi deseo.

Gracias, Señor, por esto que poseo
que siendo sólo tuyo es todo mío
aunque basta una gota de rocío
para saber que es cierto lo que creo.

Creo que la belleza tan sencilla
que se revela en esta maravilla
es reflejo no más de tu hermosura.

Qué importa pues que esta belleza muera
si he de ver la hermosura duradera
que en tu infinito corazón madura.

Francisco E. Estrello

México (1907-1959)

Manos de Cristo

Manos de Cristo,
Manos divinas de carpintero.
Yo no imagino aquellas manos
Forjando lanzas, forjando espadas,
Ni diseñando nuevo modelo de bombardero.
Aquellas manos, manos de Cristo,
Fueron las manos de un carpintero.

Manos de Cristo, encallecidas,
Labrando cunas,
Haciendo arados, labrando vida.
Yo no imagino aquellas manos
Entretenidas entre cañones,
Entre explosivos y entre granadas;
Aquellas manos encallecidas,
Se encallecieron labrando vida.

Manos de Cristo,
Manos divinas de carpintero.
Yo no imagino aquellas manos
Brutalizando tareas humanas
Sino forjando labor creadora;
Aquellas manos, manos de obrero,
Edificaron hora tras hora.

Entre las manos febricitantes
Que hacen cruceros
Y bombarderos,
¡No están las Suyas!

Las suyas llevan marcas de clavos,
Marcas heroicas de sacrificio;
Aquellas manos, manos sangrantes,
Fuertes, nervudas, manos de acero,
Son manos recias de carpintero
Que quietamente labran la vida.

Divino maestro

Caminante divino:
Ven a nuestro sendero.
Ven, Señor, a lo largo del camino;
tórnalo suave, grato, placentero,
Caminante divino.

Rabí santo y sereno:
Ven a nuestra morada
que no tiene siquiera pan moreno.
¡Cuánto necesitamos tu mirada,
Rabí santo y sereno!

Señor, ya se hace tarde;
quédate, no te vayas.
Si te vas nuestra lámpara no arde.
Se hace el silencio cuando Tú te callas.
¡Quédate... se hace tarde!

Nuestra alma esta vacía;
no tiene luz ni fuego;
derrama en ella claridad de día
y quédate en respuesta a nuestro ruego
en nuestra alma vacía.

¡Quédate Caminante!
El sol ya languidece.
Déjanos escuchar tu voz amante
en medio de la brisa que se mece.
¡Quédate Caminante!

Seguiremos mañana
por la senda contigo.
Seguiremos desde hora muy temprana.
El día va declinando, dulce Amigo,
seguiremos mañana.

Quédate en nuestra morada.
Queda en nuestro camino,
Señor de la dulzura en la mirada.
Huésped santo y divino
¡no te vayas, queda en nuestra morada!

Desparramando vida
Tú vas, Señor, desparramando vida
en la pobre aridez del barro humano;
todo surco regado por tu mano
es viviente canción de rubio grano.
Tú conviertes la sed de pozos muertos
en fuentes refrescantes de aguas vivas;
y los desiertos, Cristo, que cultivas,
florecen en tus manos compasivas.
Llevas en Ti, Señor, todo el milagro
de los huertos en flor, llenos de trinos;
y cuando pasas tú por los caminos,
se estremecen de cánticos divinos.

Con Dios

La vida en Dios es vida de aventura;
vida llena de ensueño y de grandeza;
rumbo heroico que apunta hacia la altura
persiguiendo la gracia y la belleza.

La vida en Dios es fe de iluminado
en un perpetuo florecer de cumbre;
es ser un siervo del mar, bañado
en el claror intenso de su lumbre.

La vida en Dios es ir por los caminos
ardiendo el corazón, la mano abierta;
y llenar de los cánticos divinos
La soledad estéril y desierta.
La vida en Dios es fuego y armonía;
es salmo y es poema de ternura
que en la aspereza cruel de cada día
va dejando la miel de su dulzura.
La vida en Dios es ruta dolorosa;
es visión de la cruz, jalón de gloria:
es pasar por la noche tenebrosa
y despertar en alba de victoria.

Emilio Ballagas

Cuba (1908-1954)

La voz penitencial

Cuando en el río helado del espejo
vierto la soledad de mi figura,
miro cómo afanosa mi criatura
se quiere desprender del hombre viejo.
Es la batalla en que sin miedo dejo,
estremecido por la quemadura,
mi piel, la ensombrecida vestidura
de la serpiente antigua que reflejo.
Pero no es esta imagen lo que historio
ni un ajeno temblor de luz ganada,
sino la brasa de mi purgatorio.
Y si miro mi angustia desdoblada,
mi alma es indivisible territorio:
la plaza fuerte por mi Dios sitiada.

Alto diamante

Tema de Manley Hopkins

Cántame Tú, fascíname; golpea tu badajo
en mis oídos. La concha ávida satura.
Tu silbo me conduzca a lugar de postura:
sé la única música que al suelo me sustrajo.
No intentéis la palabra, labios, no os deis trabajo;
quedad mudos de amor; vestid sorda armadura.
La suspensión del ánima sea vuestra clausura.
(En el toque de queda todo rumor amortajo.)

Difícil santidad (la perfecta elocuencia)
no alcanzo… mas los párpados a sellar he aprendido
entrando en estación de oscura penitencia.

Alto diamante, es cierto que no te he merecido:
regálame un destello que alumbre mi impaciencia,
elígeme, Silencio, ya que yo te he elegido.

Sara de Ibáñez

Uruguay (1909-1971)

Interrogación

Dejóme Dios ver su cara
cuando entre paloma y flor
sobre aquel cielo mayor
brotó una blanca almenara;
¿dejóme Dios ver su cara?

Me miraba Dios acaso
cuando en la noche sin mella
dejaron lirio y centella
testimonio de mi paso;
¿me miraba Dios acaso?

El rostro de Dios veía
cuando en el desdén profundo,
tenaz ausente del mundo,
por mi propia sangre huía;
¿el rostro de Dios veía?

Me contempla Dios, me ve
ir de la ceniza al fuego
en un iracundo juego
la muerte quitandomé;
¿me contempla Dios, me ve?

¿O yo me estoy descubriendo
los ojos con que algún día
veré lo que no sabía
que en sueños estaba haciendo?
1954

Visión III

Pegada a mi garganta, envolviendo mis gritos desahuciados
con las frías volutas de una boa de algodón y ceniza,
la tiniebla porosa me rodeaba.
Prisionero en el último dédalo del espanto,
la muerte germinaba entre mis huesos
a la velocidad convulsa de la asfixia.
De pronto el filo de una mariposa
de aire avaro rasgó mi blanda cárcel,
y mis ojos se abrieron
como dos lunas grises que bebían mi sangre acurrucada,
sobre un hueco creciente, cuajado de ciudades con millones
de rostros,
donde sobrenadaba mi agonía.
Y súbito mi aliento, como turbión parido por mi entraña,
tiró de mí arrastrándome
hacia el sueño falaz del horizonte.
Mi cuerpo abrió una seca espesura de humo;
a mi paso volaban en levísimos copos
las momias de las noches abolidas,
y otro cuenco rugoso me esperaba, y otro bosque de
anillo caudaloso.
Como en el vientre enorme
de nocturna granada
descendía el camino de la esfinge;
por su descolorido pensamiento
que aún embridaba el vuelo de mis horas,
mi fantasma agobiado por la densa corona de la vida
celda a celda del tiempo iba apartando
los sellos de enlutada mordedura.

Como fruto que marcha hacia las hondas raíces, retornaba,
volvía hacia los gérmenes borrados,
hacia la fuente del primer aullido
donde se quedó solo, de espaldas al amor de Dios, el
hombre.

Sergio Manejías

Cuba (1909)

Sergio Manejías

Mi esperanza está en ti

¿Quién, si no Tú en la mortal negrura
su Mano me extendió compadecido?
¡Mano de Eternidad, firme y segura
qué hondo, en mi conciencia, la he sentido!

¿Quién, si no Tú, con celestial derroche
clavó en mi sombra multitud de estrellas?
¡Y entonces pude bendecir la noche,
por ella sembrar cosas tan bellas!

No importa ya mi rumbo o mi destino
que, iluminado, cargo mi camino:
¡no él a mí, gozoso a Ti lo llevo!

Mi mano entre la tuya poderosa
y, en esperanza azul y milagrosa,
contigo, más y más, oh Dios, me elevo.

Sed de Dios

Mi alma tiene sed de Dios, del Dios vivo.
SALMO 42.2

Está mi sed de Dios insatisfecha,
que en medida de sed más se agiganta.
Está entretejida y está hecha
de una ilusión muy delicada y santa.

Es sed que me apretuja la garganta
del espíritu. Sed que va derecha
al cielo. Sed que me levanta
y toda duda con valor apecha.

Es sed de Dios, intensa, y el poeta
sólo puede decir que su alma inquieta
ya no podrá tener gozo y solaz

hasta beber del agua de la Vida,
que en la gracia de Dios está escondida
en la sagrada fuente de su paz.

Ángel M. Mergal

Puerto Rico (1909-1971)

Puente sobre el abismo

Nutre tu fe del árbol de la vida.
La muerte, tras el árbol de la ciencia
De Bien y Mal, acecha tu inocencia;
Entre su copa la serpiente anida.

Ya muerta el alma por la fe perdida,
Recoge el fruto de su independencia:
Peca sobremanera en su impotencia,
Mal contra Bien en lucha fratricida.

Lleva la imagen del Adán primero
El alma muerta, y el Adán postrero
En Espíritu vivo la convierte;

Porque en la cruz triunfó sobre el pecado,
Siendo el segundo Adán resucitado
Puente sobre el abismo de la muerte.

18 de septiembre de 1936

Discipulado

Zurcen su afán con rayos matinales,
Junto al versátil mar de Galilea,
Simón y Andrés, Santiago y Juan; albea
Marino el sol quebrado en mil cristales.

Céfiro sobre el mar: las virginales
Palabras de Jesús, la nueva idea:
"Pescadores de hombres", centellea,
Deidad el Sol en nieblas conceptuales.

Dejadas red y barco, en los rituales
Del niño amanecer, cambio en inicio;
Trueque de vieja sangre en paternales

Transfusiones de espíritu; la tierra
Vuelta cielo en virtud del sacrificio:
Comienza por la paz la nueva guerra.

23 de octubre de 1938

Enrique Molina

Argentina (1910-1997)

Dioses de América

Como rayos que parten al destierro,
con el viejo alarido de sus víctimas
uno a uno pasaron, rodando de la pétrea corona del altar
que sostuviera su pavor espléndido.
Su nube a solas, con sus mitos fríos
gira al relente, como un triste pájaro;
y de la hoguera,
sólo de la llama de la ortiga sube
al pie de unas pirámides truncadas por los tiempos.
Ninguna sombra allí posa la ofrenda,
ni el ojo del humano, bajo las lágrimas, contempla
fulgir en el vacío su cólera emplumada.

Dioses de América. Sólo el caimán azota
con su cola de fango vuestro orgulloso imperio.
Esparcidos collares de dientes y de guerras
donde agoniza el trueno como una bestia herida
y la funesta tierra del silencio devora
el cuchillo de ónix, la vasija cerámica
con su muerto en cuclillas
en cuyos verdes labios de piel seca aún fulgura
el Salmo de la Lluvia,
el Salmo del Huevo,
El Salmo de la Luz y la Serpiente.

Máscaras impregnadas por la resina de la tea,
iluminad el páramo, la nieve,
y la piel de los siglos sobre los escalones
donde como un ligero torbellino de polvo

aún reza el sacerdote de orejas espinadas que descifra
el oráculo.
Fabulosos globos de monstruos y plumas, dioses,
cumbres de pánico y grandeza.

¿Quién soy ante vosotros, siervo de un dios más alto en
cuya palma herida
sólo se posa la paloma ardiente de la expiación?
Ignoro vuestros cetros,
sólo sé de vosotros la ruina, la humillada ceniza de la
hoguera,
la escalera de piedra, el disco derribado,
la momia que farfulla entre las lagartijas sus plegarias
solares,
vuestra eterna alabanza,
vuestra ley, ¡oh vencidas potestades amargas!
Sin embargo, a menudo, entre la tempestad,
oigo el aullido de esos duros imperios devastados,
el rumor de unas perdidas glorias
que el polvo diviniza.

Concha Urquiza

México (1910-1945)

Sonetos de los Cantares

Aunque tan sierva de tu amor me siento
que hasta la muerte anhelo confesarte,
bien sé que como Pedro he de negarte
no tres veces, Señor, tres veces ciento.

No quiero fiarme de mi sentimiento
ni eterna fe sobre mi fe jurarte,
¡si me sé tan capaz de traicionarte
que en mi propia traición vivo y aliento!

Mas, pues esclavo del amor rendido,
bajas a veces a mi entraña impura,
tú mismo por mi boca te confiesa,

Señor, y cuando mires que te olvido
ten piedad de tu mísera criatura
en quien es la traición naturaleza.

El Potosí, 8 de junio de 1939

¿Cuándo…?

¿Cuándo, Señor, oh, cuándo,
te entregarás por siempre a mi deseo?
¿No basta que me veo
a oscuras, suspirando,
tras de mi propia vida rastreando?

Como cierva ligera,
de agudo dardo en el costado herida,
gime sin ser oída
bramando en ansia fiera
tras la dulce, lejana madriguera.

Su grito se derrama
por los vibrantes ecos dilatado;
así cierto he clamado,
mi Dios, así te llama
el corazón preso en la antigua llama.

¿Qué encanto misterioso
—si más que el propio cuerpo estás conmigo,
y en leve pan de trigo
y en sorbo deleitoso
mil veces te me diste por Esposo—;

qué misteriosa arte
de mis ávidas manos te desvía?
Como el rayo del día
tal huyes al tocarte,
y sólo puedo verte y desearte.

¿Por qué, si enamorado,
la ley esquivas del abrazo ardiente?
¿Por qué la dulce fuente
hurtas del bien deseado,
dejando labio y corazón burlado?

No pueda la pobreza
hacerte huir, ni la maldad nativa,
si cual de fuente viva
de sola tu belleza
mana toda virtud y fortaleza.

Y más siniestro lazo
desenlazaste de mi cuello un día
ni el cieno en que yacía
fue obstáculo a tu abrazo,
ni el miserable amor te fue embarazo.

San Luis, 14 de julio de 1941

La oración en tercetos

Quiero estarme contigo en el sagrado
silencio de la noche, y a tu abrigo
tienda las alas el mortal cuidado.

Como amante en el seno del amigo,
que largamente bebe su deseo,
gozarme quiero en soledad contigo.

En noche oscura tu presencia oteo,
y a ciegas tanto el corazón adora
que en luminosa sombra te poseo.

Sin verte te amaré, si no en la hora
en que acabado el sueño de la vida
despierte de tu faz con el aurora.

Mas viene ya la tarde de vencida,
y es ligero el tiempo y breve el plazo
para guardar la lámpara encendida.

Cuando te rindas a mi tibio abrazo,
háblame, dulce Amor, de aquella cita
que has de ceñirme con eterno lazo.

No preciaré la miserable cuita
del sentido que gime prisionero,
del cuerpo que se pierde y se marchita.

Ni tendré en nada el término postrero
ni el horror de la honda sepultura
ni el gemido del deudo lastimero.

Ni el vago bien y la fugaz dulzura
que el moribundo corazón despierta
a deseo de vida y de ventura.

Porque detrás de la partida incierta,
más allá de la pálida frontera,
vela el amor y la esperanza acierta.

Allí te encontraré la vez postrera,
y en tu pecho de amores florecido
conoceré la eterna primavera.

Allí el amor, de púrpura teñido,
coronado de paz, tendrá por lecho
el beso de tus labios encendido.

Así en las lindes del camino estrecho
sueña mi flaco amor con el hartura
de los pastos y fuentes de tu pecho.

Y en la cerrada estancia y casa oscura
del propio corazón, a ti vocea,
deseando tu vista y tu hermosura.

Mas ay, que en vano el alma te desea,
en vano busca su divino Esposo,
si virtud ni pureza la hermosea.

Porque tú eres el Fuerte y el Celoso,
el que habita las fuentes de aguas vivas
y sustenta entre lirios su reposo.

No con palabras dulces te cautivas,
no con grito de amor adolescente,
no con suspiro y quejas excesivas.

Mas abájaste acaso blandamente
al que mirando su profunda nada
doble ante ti la mancillada frente.

A éste vendrás, en noche regalada,
después que con el soplo de tu boca
tú mismo te adereces la morada.

El ciego centro de mi vida toca,
y éntrate al corazón como la llama
que en flaco leño con fiereza emboca.

Ven como el mar que se desborda y brama,
rompe por mis entrañas con gemido
y en espumosas ondas te derrama.

Y así anegado el corporal sentido,
aquiétate en mi seno mansamente
y tengamos las cosas en olvido.

Es leve engaño lo que el hombre siente,
arenilla que rueda sin sosiego
entre el mortal futuro y lo presente.

Yo te doy ese amor por este fuego,
te doy mi sombra de razón oscura,
te doy mi corazón errado y ciego.

La mancillada voluntad apura,
y lábrate con fuego la morada
dentro del alma que tu amor procura.

De paz y fortaleza edificada
de recios torreones defendida;
y allí en la noche del amor sagrada
trocaremos mi muerte por tu vida.

5 de junio de 1939

La cita

Te esperaré esta noche, Señor mío,
en la siniestra soledad del alma:
en la morada antigua
donde el amor se lastimó las alas;
por cuyos largos corredores gime
la ausencia de tu voz y tus palabras.

En el fosco recinto,
hondamente cavado,
donde jamás la antorcha de la risa,
jamás la limpia desnudez del llanto,
ni la serena atmósfera del verso
los ecos agitaron.

Allí te esperaré, porque esta noche
no tengo otra morada;
a lo largo del húmedo camino
todas las puertas encontré cerradas,
y en la sombra tenaz perdí tu huella
—la senda de tu huerto y de tu parra—.

¡Oh Suavísimo, ven! Ven, aunque encuentres
apagadas las lámparas nupciales,
aunque el voraz silencio
el roce niegue de tu planta suave,
aunque tu faz se esconda en las tinieblas,
aunque tu beso y tu palabra callen,
y mis manos tendidas en la sombra
no acierten a tocarte.

*

Te espero en el recinto misterioso
donde en dolor mi madre me engendrara:
allí no en los festines
se coloran las pálidas guirnaldas,
ni el vino moja el encendido labio,
ni vuelan las palabras,
ni las antorchas brillan
enrojeciendo al grito de las flautas:
allí un hosco silencio…
y un hambre oscura que tu paso guarda.

Vendrás, Amor… la noche
toda está de presagios erizada:
un pájaro sin voz gime en el viento
un insensible amor abrasa el alma.

Sólo tengo aquel tálamo sombrío
que se ha de iluminar con tu mirada,
pero furtivamente
vendrás a él y dormiré en tus brazos
bajo la noche al corazón amarga.

San Luis, febrero de 1941

José Lezama Lima

Cuba (1910-1976)

San Juan de Patmos ante la Puerta Latina

Su salvación es marina, su verdad de tierra, de agua y de fuego.
El fuego en la última prueba total,
pero antes la paz: los engendros de agua y de tierra.
Roma no se rinde con facilidad, ni recibe por el lado del mar:
su prueba es de aceite, el aceite que mastica las verdades.
El aceite hirviendo que muerde con dientes de madera,
de blanda madera que se pega al cuerpo, como la noche
al perro, o al ave que cae hacia abajo sin fin.
Roma no se fía y su prueba es de aceite hirviendo,
y sus dientes de madera son la madera
mucho tiempo sumergida en el río, blanda y eterna,
como la carne, como el ave apretada hasta que ya no respira.
San Pablo ganaría a Roma, pero la verdad es que San Juan de Patmos
ganaría también a Roma.
Ved su marca, su fuego, su ave.
Los ancianos romanos le cortan la cabellera,
quieren que nunca más la forma sea alcanzada,
tampoco el ejemplo de la cabellera y la pleamar de la mañana.
San Juan está fuerte, ha pasado días en el calabozo
y la oscuridad engrandece su frente y las formas del Crucificado.
Ha gozado tanto en el calabozo como en sus lecciones de Éfeso.

El calabozo no es una terrible lección,
sino la contemplación de las formas del Crucificado.
El calabozo y la pérdida de sus cabellos debían de sonarle
como un río,
pero él, sólo es invadido por la ligereza y la gloria del ave.
Cada vez que un hombre salta como la sal de la llama,
cada vez que el aceite hierve para bañar los cuerpos
de los que quieren ver las nuevas formas del Crucificado
¡Gloria!
Ante la Puerta Latina quieren bañar a San Juan
de Patmos,
su baño no es el del espejo y el pie que se adelanta,
para recoger como en una concha la temperatura
del agua.
No es su baño el del cuerpo remilgado que vacila
entre la tibieza miserable del agua y la fidelidad
miserable del espejo.
¡Gloria! El agua se ha convertido en un rumor
bienaventurado.
No es que San Juan haya vencido el aceite hirviendo:
ese pensamiento no lo asedia, no lo deshonra.
Se ha amigado con el agua, se ha transfundido en la
amistad omnicomprensiva.
No hay en su rostro el orgullo levísimo, pero sí dice:
Allí donde me amisté con el aceite hirviendo, id y
construid una pequeña iglesia católica.
Esa Iglesia es aún hoy, porque se alza sobre el martirio
de San Juan:
su prueba la del aceite hirviendo, martirizada su sangre.
Levantad una iglesia donde el martirio encuentre una
forma.
Todos los martirios, la comunión de los Santos,

todos a una como órgano, como respiración espesa, como
el sueño del ave,
como el órgano alzando y masticando, acompañando
la voz,
el cuerpo divino comido a un tiempo en la comunión de
los Santos.
El martirio, todos los martirios, alzando una verdad
sobrehumana:
el senado consulto no puede declarar sobre la divinidad
de los dioses.
Sólo el martirio, muchos martirios, prueban como la
piedra,
hacia sí, hacia el infierno sin fin.
Los romanos no creían en la romanidad.
Creían que combatían sus pequeños dioses, hablando
de la ajena soberbia, y que aquel Dios era el Uno que
excluía,
era el Uno que rechaza la sangre y la sustancia de Roma.
La nueva romanidad trataba de apretarse con Roma,
la unidad como un órgano proclamando y alzando.
Pero ellos volvían y decían sobre sus pequeños dioses,
que había que pasar por la Puerta Latina,
que el senado consulto tenía que acordar por mayoría
de ridículos votos que habían llegado nuevos dioses.
Llegaría otra prueba y otra prueba,
pero seguirían reclamando pruebas y otras pruebas.
¿Qué hay que probar cuando llega la noche
y el sueño con su rocío y el rumor que vuelve y abate,
o un rumor satisfecho escondido en las grutas, después
en la mañana?
En Roma quieren más pruebas de San Juan.
El martirio levantando cada pequeña iglesia católica,

pero ellos seguían: pruebas, pruebas.
Su ridícula petición de pruebas,
pero con mantos sucios y paños tiznados
esconden sus llagas abultadas,
como la espiral del canto del sapo enviada hacia la luna,
pero le ha de salir al paso el frontón de la piedra,
del escudo, del cuchillo errante que busca las gargantas
malditas.
San Juan de nuevo está preso,
y el Monarca en lugar de ocultar el cuadrante y el zodiaco
y las lámparas fálicas que ha hecho grabar en las paredes
altivas,
ha empezado a decapitar a los senadores romanos,
que llenos de un robusto clasicismo han acordado que ya
hay dioses nuevos.
San Juan está de nuevo en el calabozo, serenísimo,
como cuando sus lecciones de Éfeso y cuando vio que el
óleo hirviendo
penetraba en su cuerpo como una concha pintada,
o como un paño que recoge el polvo y la otra mitad
es de sudor y el aire logra tan sólo la eternidad de ese
paño y polvo y sudor.
San Juan pasa del calabozo al destierro, y su madre,
desmayada que fue en una nube,
se acoge a la muerte, y puede estar serena:
el destierro es también otra nube, acaso pasajera.
Y mientras San Juan está en el destierro,
el cuerpo de su madre está escondido en una caverna.
San Juan cree que el destierro es una caverna,
pero es que está sintiendo en una noche invisible
que su madre está en una caverna.
Las pesadillas de la madre insepulta,

escondida en una caverna, no corroen su visión admirable.
Cuando San Juan quiso cortó las ramas de la sombra reproducida,
que ya no volverá a saltar en el bastón del Monarca.
Y saltó del destierro a la nube, de la nube bajó a la caverna,
como en la línea de un ave,
como la memoria de un astro húmedo y remontado.
La madre está muerta en la caverna,
pero despide lentas estrellas de un aroma perpetuo.
La nube que trajo a San Juan se va extendiendo por la caverna,
como el órgano que impulsa las nuevas formas del Crucificado.
San Juan no tiembla, apenas mira, pero dice:
Haced en este sitio una pequeña iglesia católica.

Óscar Cerruto

Bolivia (1912-1981)

Los dioses oriundos

I
En los principios del mundo os veo,
oh dioses de los páramos y de las cordilleras,
dioses que alimentaron
el pavor, las vigilias de mis antepasados,
reinando desde la hosca montaña sin auroras,
el ceño cruzado de centellas,
la mano sobre el trueno.

Vuestras miradas encienden
las primeras amapolas,
corrompen las ofrendas,
envejecen la piedra de los templos.
La sienten sobre el lomo
como un agravio
las bestias y atraviesan
sus aullidos
la infamada floresta.

Abajo está cuajado
de vuestra eternidad el yermo.
El cóndor en sus torres de nubes y glaciares
o el insular sarmiento de la puna
custodios son de vuestros misterios.
(Llama de hielo apenas
en el lunar erial, y cegadora
llama del ave sideral en la pupila armada.)

Todo conviene en alabanza vuestra:
el árbol y su altura, los proverbios del fuego,
la certidumbre mineral de la roca,
los idiomas, el viento, algunos llantos.

¡Todo canta!

II
Y de pronto, ¿qué nubes
que no hinchó vuestro aliento
plantan su pie a la orilla
de vuestro imperio?
¿Por qué resuena forastera la tierra
y destila humores
el canto del lagarto?
¿Por qué los ríos bajan bramando
y el ábrego cercena litorales?
¿Por qué el llano empapado de sudor
amanece, la lanza hundida en un costado?

¡Ah venerable oráculo!
            No la arena, los hombres
arremolina el viento, los convoca el delirio
de la tierra partida por un grito.
En las tinajas se agria la luz del día
con el vino del maíz. Y arriba
detenida en su quehacer la transparencia.
Y los himnos que ascienden como la lluvia.

III
Arañas de sangre, las manos
las armas empuñan y su ira.

La voz del helado espanto,
granizo la alegría.

IV
Pero la muerte cae, cae
sobre los pueblos
como gota de rencores.

Oh ved cómo bajan espadas
del cielo.
                    Oíd aullar el hacha.
Mirad los estandartes de pólvora
su follaje extendiendo.

Relámpagos del mar acuchillan las costas
y las naves
en la arena vomitan
sus aguas de codicia.
Oíd, aún se oye, el infinito
galope de los cascos,
la devota cruzada de exterminio,
la siega de los tallos gentilicios.

Y luego sólo escombros,
polvo, duelos.

Ah cáncer del corazón, copa de sueños,
¿a qué rostro arrojar vuestras rotas blasfemias?

V
¡Montañas, cordilleras,
territorio entrañable, soplad, soplad silencio!

Caída raza de réprobos,
más abajo caída, mordiendo sangre y hierro.
Como vosotros gangrenada por la soledad,
dioses de la tierra.
Sola en su vilipendio y sus discordias,
deshabitada.

VI
¡Qué mudos estáis, dioses!
en los tronos ulcerados por la luna,
un nimbo de pluma en las cabezas,
mientras caen las lágrimas
de vuestros ojos oxidados.

¡Qué frío de altas cumbres
os ladra, qué diente, qué estalactita
se hinca en vuestras carnes de neblina!

VII
Y el aire fino y muerto y abrogada
la altura de la dicha por el légamo del tiempo.

Pablo Antonio Cuadra

Nicaragua (1912-2002)

Salmo de la noche oscura

La noche es antigua y reservada.
Ángeles oscuros la custodian apagando la comunión de
las palabras.
¿Dónde encontraré respuesta —¡Oh soledad— para el
grito del abandonado?
Herido voy, Señor, entre tus viñas invisibles.
Como un ciego percibo el oscuro murmullo de tus trigales.
La noche es el velo de tu Gloria y voy cruzando su
cautiverio.
¿Quién es ese ángel que ahora tañe mi sangre con su
mano lenta?
Yo caminaba por una tierra casi dichosa
Tú me habías dicho que valía más que un gran número de
pájaros.
Y había amado la Tierra y adquirido el nombre de sus
cosas.
Pero has derribado mi carne sobre la roca
¡Ese potro que huye siente el espanto todavía
Y aquellos que me acompañaban me miraron con tristeza
y ya partieron!
Este es el final de los que han seguido tu camino
¡Ay! ¿por qué se engañan los amantes y aún perduran?
Me has arrojado de mi deleite para sumergirme en una
sed que nada sacia.
Creí poder confiar en la mano que me tendías
¡Y colocaste mi mano donde ha sido para siempre
taspasada!
Si permanecieras conmigo yo me alimentaría de tu
presencia

Pero me has abandonado en el lugar de tu suplicio
Y sólo quieres que perciba la oscuridad de mi pecado.
¡Difícil es amar según tus condiciones!
¡Dura es la tierra cuando tú colocas esta espada
implacable en sus portales!
¡Mira cómo regreso —¡solo entre tanto olvido!— de
conocer al hombre,
Con el costado abierto, manando crepúsculos que
enrojecen mi vestidura.
En vano recorro los muros de tu silencio como un
mendigo invernal!
¡He arrojado mis gritos contra los ángeles nocturnos!
¡Como un ciego he golpeado con los puños la oscuridad
de tu santuario!
No pido que cese este camino cuya distancia he perdido
con mi sangre.
¡Pido una noche menos honda para estos ojos sin apoyo!

Braulio Arenas

Chile (1913-1988)

San Juan de la Cruz

Pájaro sin color determinado
de tanto unirte al cielo a toda hora,
baja hasta el mundo tu fascinadora
canción, y canta en todo fascinado.

Opera con la gracia y el pecado,
con la sombra del mundo en esta hora,
opera con el alma encantadora
y con el cuerpo del mortal anclado.

Es la hora ésta, pues, que ya levante
el alma la canción como su vuelo,
rumbo al oriente de su paraíso.

Ayúdala, por fin, que no la espante
dejar esta miseria de su suelo,
¡oh San Juan de la Cruz, uno y diviso!

El Cristo pobre

Oh Cristo pobre, quién podría
no decirse tu compañero:
tan pobrecito y lastimero,
tan pierna arriba en tu agonía.

Así, en la sombra, refulgía
de piedad tu cuerpo entero,
tan sangrante y verdadero
como el sol del mediodía.

Te vi, abismado, Cristo pobre,
Cristo del pobre sin un cobre,
pequeñito, confiado, bueno.

Así los hombres te dejaron,
de todo te despojaron,
Cristo tan pobre, tan chileno.

Vinicius de Moraes

Brasil (1913-1980)

Tres respuestas frente a Dios

Sí, vosotros sois… (debería arrodillarme diciendo vuestros
nombres!)
Y sin vosotros ¿quién se mataría en el presagio de alguna
madrugada?
¡A vuestra mesa iré agostándome para seguir bebiendo
vuestro vino!
De mi poesía haré música para que no os hieran más sus
acentos dolorosos
Libres las manos seré Tántalo pero vos veréis el suplicio de
la sed sólo en mis ojos
Que adormecieron las visiones de las auroras heladas
donde el sol de sangre no camina…

¡Y vosotros!… (¡Oh el fervor de decir vuestros nombres
angustiados!)
¡Dejad correr vuestra sangre eterna sobre mis lágrimas
de oro!
Vosotros sois el espíritu, el alma, la inteligencia de las cosas
creadas
Para vosotros yo no reiré porque reír es atormentar la
tragedia interior que ama el silencio.
Con vosotros y contra vosotros vagaré por todos los
desiertos
Y una misma águila se alimentará de nuestras entrañas
atormentadas.

Y vosotros, serenos ángeles… (¡debería morir diciendo
vuestros nombres!)
¡Vosotros, cuyos pequeños senos se iluminaban misteriosa-
mente en mi presencia silenciosa!

Vuestro recuerdo es como la vida que no abandona al espíritu en el sueño
Vosotros fuisteis para mí el gran encuentro...
¡Y vosotros también, oh árboles del deseo! Vosotros, la maldición de Dios enloquecido
Vosotros seréis el demonio en todas las edades.

Poema de Navidad

Para eso fuimos hechos:
Para recordar y ser recordados
Para llorar y hacer llorar
Para enterrar a nuestros muertos—
Por eso tenemos brazos largos para los adioses
Manos para coger lo que fue dado
Dedos para cavar la tierra.

Así será nuestra vida:
Una tarde siempre para olvidar
Una estrella apagándose en la tiniebla
Un camino entre dos túmulos—
Por eso precisamos velar
Hablar bajo, pisar leve, ver
La noche dormir en silencio

No hay mucho que decir:
Una canción sobre una cuna
Un verso, tal vez de amor
Un rezo por quien se va—
Pero que esa hora no olvide
Y por ella nuestros corazones
Se abandonen graves y simples.

Porque para eso fuimos hechos:
Para la esperanza en el milagro
Para la participación de la poesía
Para ver el rostro de la muerte—
De repente nunca más esperaremos…
Hoy la noche es joven; de la muerte, apenas
Nacemos, inmensamente.

Manuel Ponce

México (1913-1994)

Tres sonetos a Cristo crucificado

Cristo crucificado entre dos ladrones

Entre dos turbias aguas está Él,
ya tributarias de su mar final,
un malhechor y un hacedor de mal
en las pendientes de su curso infiel.

Uno le muerde de su calcañal,
bien como sierpe bajo el escabel;
el otro aclárase raudal de miel,
vertidos labios como de panal.

Un río de odio y un amor fluvial:
la derrotada espuma en desnivel,
y la corriente brisa en espiral.

Pero rindió su brazo el Timonel
al odio y al amor; porque al final,
ambos le ahogaron, a cual más
cruel.

Oración a Jesús crucificado

Yo te adoro en razón de lo increado,
temo en ti por el brazo justiciero,
admiro en ti la omnipotencia; pero
te quiero sólo por crucificado.

No te puedo querer en otro estado,
ni esperar de otro modo lo que espero;
aunque sé que la infamia del madero
no es otra que la cruz de mi pecado.

Duélenme, sí, tu afrenta y el delito
que yedras enlazadas con tal arte
consuman en tus sienes de proscrito.

Pero yo no me canso de mirarte;
queriendo, si pudiera, en lo infinito
crucificarte sólo por amarte.

Manuel Ponce

Al Cristo de mi estudio

¿Cuándo murió mi corazón inerte,
que no muere de verte ajusticiado,
pendiente del marfil donde, labrado,
es una fácil alegría verte?

Rota el ara, la vida se te vierte
por la heráldica brecha del costado,
¡oh cántico de cisne asilenciado
y torre en los suburbios de la muerte!

Yo en flores, Tú en escarcha estás cautivo;
Tú en tinieblas, yo en luces me derramo,
y en tu divisa gozo, sufro y amo.

Por una parte lloro compasivo,
mientras por otra olvido tu reclamo:
y es que de puro simulacro vivo.

Teofanía XIV

Retiro Espiritual en el Pedregal de San Ángel

Sufrir, amar, pesar la hora, el día,
en Ti, de Ti, por Ti; sin que rehúya
mi propia soledad, por ser la tuya,
ni tu crucifixión, por ser la mía.

Arder en una sola Eucaristía
que no por consumirse disminuya:
esta fue mi oración y mi aleluya;
y un silencio interior amanecía.

Yo miraba los negros pedernales
florecer, convertidos en vergeles
por tus manos de céfiros azules.

Y vi salir la luz, como Tú sales,
y todo sonreír, como Tú sueles,
esta mañana tierna de pirules.

Alaíde Foppa

España-Guatemala (1914-1980)

Oración I

Dame, señor
un silencio profundo
y un denso velo
sobre la mirada.
Así seré un mundo
cerrado,
una isla oscura.
Cavaré en mí misma
como tierra dura,
hasta llegar a lo más hondo.
Cuando me haya desangrado,
ágil y clara
será mi vida,
y como río sonoro y transparente
fluirá libremente
el canto encarcelado.

Oración II

Señor, estamos solos,
yo, frente a Ti:
diálogo imposible.
Grave es tu presencia
para mi solitario amor.
Escucho tu llamada
y no sé responderte.
Vive sin eco y sin destino
el amor que sembraste:
sepultada semilla
que no encuentra el camino
hacia la luz del día.
En mi pecho encendiste
una llama sombría.
¿Por qué Señor,
no me consume entera,
si no hay para tu amor
otra respuesta
que mi callada espera?

Oración III

Piadosamente cruel,
tu mano
me apartó siempre
del camino fácil.
Amargura pusiste
en el fruto maduro,
llanto
en lo que pudo ser
la copa llena
de la dicha.
Profunda sombra
apagó en brote
mi alegría.
Oh escondida voz
que incansable llamas,
oh exigente Dios,
que al pensativo curso
de mi vida
diste un áspero lecho,
yo no merezco
que me pidas tanto
si nada crece en mí
que no socorra
tu mano.

Octavio Paz

México (1914-1998)

El ausente

I

Dios insaciable que mi insomnio alimenta;
Dios sediento que refrescas tu eterna sed en mis lágrimas,
Dios vacío que golpeas mi pecho con un puño de
piedra, con un puño de humo,
Dios que me deshabitas,
Dios desierto, peña que mi súplica baña,
Dios que al silencio del hombre que pregunta contestas
con un silencio más grande,
Dios hueco, Dios de nada, mi Dios:
sangre, tu sangre, la sangre, me guía.

La sangre de la tierra,
la de los animales y la del vegetal somnoliento,
la sangre petrificada de los minerales
y la del fuego que dormita en la tierra,
tu sangre,
la del vino frenético que canta en primavera,
Dios esbelto y solar,
Dios de resurrección,
estrella hiriente,
insomne flauta que alza su dulce llama entre sombras
caídas,
oh Dios que en las fiestas convocas a las mujeres
delirantes
y haces girar sus vientres planetarios y sus nalgas salvajes,
los pechos inmóviles y eléctricos,
atravesando el universo enloquecido y desnudo
y la sedienta extensión de la noche desplomada.

Sangre,
sangre que todavía te mancha con resplandores bárbaros,
la sangre derramada en la noche del sacrificio,
la de los inocentes y la de los impíos,
la de tus enemigos y la de tus justos,
la sangre tuya, la de tu sacrificio.

II
Por ti asciendo, desciendo,
a través de mi estirpe,
hasta el pozo del polvo
donde mi semen se deshace en otros,
más antiguos, sin nombre,
ciegos ríos por llanos de ceniza.

Te he buscado, te busco,
en la árida vigilia, escarabajo
de la razón giratoria;
en los sueños henchidos de presagios equívocos
y en los torrentes negros que el delirio desata:
el pensamiento es una espada
que ilumina y destruye
y luego del relámpago no hay nada
sino un correr por el sinfín
y encontrarse uno mismo frente al muro.

Te he buscado, te busco,
en la cólera pura de los desesperados,
allí donde los hombres se juntan para morir sin ti,
entre una maldición y una flor degollada.
No, no estabas en ese rostro roto en mil rostros iguales.

279

Te he buscado, te busco,
entre los restos de la noche en ruinas,
en los despojos de la luz que deserta,
en el niño mendigo que sueña en el asfalto con arenas y
olas,
junto a perros nocturnos,
rostros de niebla y cuchillada
y desiertas pisadas de tacones sonámbulos.

En mí te busco: ¿eres
mi rostro en el momento de borrarse,
mi nombre que, al decirlo, se dispersa,
eres mi desvanecimiento?

III
Viva palabra obscura,
palabra del principio,
principio sin palabra,
piedra y tierra, sequía,
verdor súbito,
fuego que no se acaba,
agua que brilla en una cueva:
no existes, pero vives,
en nuestra angustia habitas,
en el fondo vacío del instante
—oh aburrimiento—,
en el trabajo y el sudor, su fruto,
en el sueño que engendra y el muro que prohíbe.

Dios vacío, Dios sordo, Dios mío,
lágrima nuestra, blasfemia,
palabra y silencio del hombre,

signo del llanto, cifra de sangre,
forma terrible de la nada,
araña del miedo,
reverso del tiempo,
gracia del mundo, secreto indecible,
muestra tu faz que aniquila,
que al polvo voy, al fuego impuro.

Nicanor Parra

Chile (1914)

Padre nuestro

Padre nuestro que estás en el cielo
Lleno de toda clase de problemas
Con el ceño fruncido
Como si fueras un hombre vulgar y corriente
No pienses más en nosotros.

Comprendemos que sufres
Porque no puedes arreglar las cosas.
Sabemos que el Demonio no te deja tranquilo
Desconstruyendo lo que tú construyes.

Él se ríe de ti
Pero nosotros lloramos contigo:
No te preocupes de sus risas diabólicas.

Padre nuestro que estás donde estás
Rodeado de ángeles desleales
Sinceramente: no sufras más por nosotros
Tienes que darte cuenta
De que los dioses no son infalibles
Y que nosotros perdonamos todo.

XLII

La presencia del Espíritu Santo
se percibe con toda nitidez
en la mirada de un niño inocente
en un capullo que está por abrir
en un pájaro que se balancea sobre una rama
dificulto que alguien pueda poner en duda

la presencia del Espíritu Santo
en un pan recién sacado del horno
en un vaso de agua cristalina
en una ola que se estrella contra una roca

¡ciego de nacimiento tendría que ser!

Hasta un ateo tiembla de emoción
ante una sementera que se inclina
bajo el peso de las espigas maduras
ante un bello caballo de carrera
ante un volkswagen último modelo

lo difícil es saber detectarlo
donde parecería que no está
en los lugares menos prestigiosos
en las actividades inferiores
en los momentos más desesperados

ahí falla el común de los mortales

¿quién podría decir que lo percibe
en los achaques de la ancianidad
en los afeites de las prostitutas
en las pupilas de los moribundos?
Y sin embargo también está ahí
pues lo permea todo como el sodio
¡que lo digan los Padres de la Iglesia!

Arrodillémonos una vez más
en homenaje al Espíritu Santo
sin cuyo visto bueno nada nace ni crece
como tampoco muere en este mundo.

Ángel Gaztelu

Cuba (1914-2003)

Oración y meditación
de la noche

Salvum me fa Deus: quoniam intraverunt
aquae usque ad animam meam.
Sálvame Dios mío: porque han penetrado
tus aguas hasta mi alma.
DAVID, Salmo 68.

Siento ahora golpes de agua en mi frente
que aceleran mi sangre con ímpetu claro de gracia.
Es profunda la noche, como un pozo, como el pozo que soñara
de la eterna Palabra el diálogo del agua viva,
donde ha de hundir el alma para el fruto la pasión de
sus raíces.
Una estrella me moja los labios con los altos rocíos de
su cielo…
Es profunda la noche y grandes los golpes del agua:
pero siento paz honda por la estrella que gobierna mi
frente,
una paz tan activa, como la llama, cuando embiste a la
arista.
Esa llama se ha lanzado por secretas y seguras galerías
en mi pecho
y se ha prendido en mi costado y como a zarza le quema
sin gastarlo.
Quisiera callar… pero es el amor quien en mí levanta su
canción altísima,
su canción ardiente y perfecta y redonda como una
granada.

Quisiera callar… pero su ardor irresistible es quien
mueve mi voz
esta noche en que estoy encumbrado como en monte de
delicias,
tan cercano, ay, del cielo que podría arrancar con las manos
al árbol de la noche tan florido, la emoción tan clara de
sus frutos.
Oh noche, monte ilustre, alto, cuajado paraíso,
recreado por la estrella, fruto que en mi mano inventa
un cielo,
que examina mi garganta y la enciende en nuevo cánti-
co.
Cántico de unión perfecta en esta música callada
aprendida, oh estrella, en el blanco y conmovido manar
de tus lumbres,
aguas vivas, altas, que han apagado las ansias fáciles de
los surtidores
al logrado solfeo del tresillo del pájaro y del rabel del ángel.
Un comienzo de aurora por la luz de tu rostro rompe el
centro del alma,
y me siento invadido todo de una caudalosa avenida de
música,
toda iluminada, oh amor, por las claras vihuelas de tus
infantes de espumas.
Oh divina lumbrarada. Cómo por cantar tu nombre,
madrugan los trinos,
se incendian las fuentes de fanales y de líricos halos las
campanas.
Yo sé que toda la hermosura del campo sueña a la som-
bra de tu gracia,
sé que por ti se ilumina el aire y se esclarece el agua:
pero sé también que nada, sino tú, puede dar paz a los
mares,

y nada pueden llegar a decirme las claras aleluyas de la
espuma,
los ríos, las fuentes, los aires, los árboles, los pájaros y las
campanas.
Qué voz podrá contarme de tu nombre, si no eres tú el
que cantas.
Cómo podría cantarte en esta noche, si tú no eres el que
cantas.
Canta por mí, cántate, cántame la canción de tus labios
hermosos,
la canción de la viña encendida de pámpanos y gozos
maduros,
la canción que cantas cuando apacientas las estrellas
y las llamas por su nombre,
y a la sombra de tu flauta pastoril, gáname el sueño,
para tu alta vida,
eternizándome el recuerdo de esta noche toda limpia de
tinieblas,
cuando has cortado tu mejor estrella y la cuelgas tan
cerca de mi pecho
que siento me educa un cielo vibrante en las aristas
vehementes,
ésas, que han hundido sus raíces temblorosas en mis
centros
donde un vigor de aguas prepara un salto a definidas
claridades:
salto que ya el amor le ha dicho a la porfía, la distancia y
la conquista.
Oh perfecto y vivo salto. Salto a gloria de estrella, a flor
de cielo,
en gracia de la sal de tu palabra, porque es eterno el
hombre.

Sal de tu gracia: la que entrega nueva vida, que tanto
enciende la esperanza,
tanto el labio sabe y pregunta la garganta su presencia,
que si canto, tú eres la canción organizada de mi canto,
que si amo, tú eres la función vehemente de mi llama,
con todas las presencias misteriosas, con todas las noti-
cias inefables
que expresa la noche en su silencio sonoro, cuando están
tus oídos siempre alerta
y tu pecho siempre abierto, patria final y florida de la
paloma.
¡Oh amor!, organízame la palabra pura y limpia que
diga tu nombre.
Tu nombre que nos quema la lengua, el labio y el suspi-
ro,
flechadura del pecho, tallo vivo que busca su flor
y hace de la boca, granada estación de la llama
cuando la alimenta la blanca flor de la harina, país de
gracia o nieve.
Qué bien te reconozco, oh perfil imborrable, oh estrella,
noticia iluminada,
ahora que presides, en esta noche clara, el más hermoso
día.
Oh noche, oh cena dulcísima, oh visión encendida en la
luz de tu rostro.
Oh manjar, que te come el hombre y se encumbra más
que el ángel
cuando todo el cielo emigra, derramándose en su pecho,
enciende la sangre y hace del alma, tálamo de Dios,
selectísimo.
Adhiérete a mi lengua, oh clara y viva pasión de lumbres.
Adhiérete a mi pecho, tierra apurada y propicia

a la emoción de la flor del trigo, sorpresa mejor
de la espiga.
Quema mis pasiones con tu purísima sangre, con el
chorro del pecho del Cordero
que vigila mis sueños sobre el libro de los siete sellos.
Con tus siete sellos, sella para todo lo que no seas tú, mi
sangre.
Sazónala con la sal de tu gracia, sal de tu estrella, prenda
de eternidad.
Y mi nombre, Señor, escríbelo con el fuego de tu sangre,
de tu sangre imborrable, más rica que la plata y el oro,
en el libro de la Vida.

Es todo lo que quiero pedirte, Amor, esta noche a la paz
de tus estrellas.

Francisco Matos Paoli

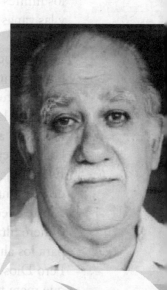

Puerto Rico (1915-2000)

El Dios recóndito

Ni aun la rosa destila
su horizonte en la mano: yo me sé.
No puedo asir el aire. Con su piel de luciérnaga
me desconozco. Los espacios
danzan. Vivo de mí,
el invisible ángel de tiniebla.
No debo recoger
el iris de la fruta
en la boca sedienta: yo me alargo,
niego los resquemores,
los límites sangrientos
y las vanas palabras: yo me sé.
Dios
no reconoce los espejos
tan tiritantes en el polvo azul.
No es el furioso sol
abriendo la montaña.
En torno al árbol
la araña teje el cielo.
Es un objeto inútil
de suprema desnudez.
¿Oíste el eco?
Quiere filtrar la luna
para los alucinados.
Pero Dios es presencia
que mata toda vista
con la simplicidad de la hermosura.
Dios, no vengas
a mí

como el gran aguacero del monte
tallado por las piedras.
El nácar, la injusticia,
la insuficiencia triste
que eleva los caminos. Dios no vengas
a mí,
que estoy tan solo
contigo, sin el mundo
herido de distancias.

Contra la interpretación

XLIV

Y también caigo en el espejo. Y ya no puedo
oprimir el espejo
como si éste fuera un fraude
tan sosegado, tan extemporáneo, tan mordaz
en su finita parsimonia.
Dejo de ser la exclusión excelsa,
pierdo el honor en la refriega,
me desgracio. Y la anonimia, que fue pecado
de mi soberbia,
deja de conturbarme. Y peleo, como Jacob,
con el ángel
hasta adivinar el nombre suyo
en el alba desierta. Así he logrado el milagro
de la hoja caída, trémula de abismos,
completamente asistida
de ese fervor eterno de la tierra.
Y retorno a mí, al sumo cuidado
de la interpretación. No me lavo las manos
como Poncio Pilatos,
no cultivo la arqueología patriótica
como un pretexto más de mi indiferencia.
Acudo al que está vivo
con la antorcha en la mano,
barriendo todo origen espurio
de la faz de la tierra.
Esta vez la confianza es mi arma de futuro.
Porque estoy vencido por el otro que sufre,
por el clamor de una muchedumbre hambrienta.

Entonces, como el Cristo,
cojo el pan, cojo el pez, los multiplico.
Y así traigo al mundo el silencio fiel
de Dios,
la gracia del Camino de Damasco
que pone un nombre nuevo a Saulo:
el forjador incorregible
de la locura de la cruz…

Canto de la locura

V
Sé que debo ser santo
porque la orilla tiembla
cuando paso del hoy al mañana
sin desprenderme de lo mío augusto:
el saco infatigable de la nada.

¿Pero de qué me vale la corrección,
ordenar, ordenar,
sonreír,
si de pronto el fiat de la Historia se subleva
para que no haya historia?

¿De qué me vale apretar la mano del vecino,
tan candorosa y fatal,
si de pronto el mar emblanquece,
pierde su impío azul,
y Dios empuja las olas hasta una raíz
de pájaro alelado?

Sé que debo ser santo,
no huir de la danza invitante,
no matar la esperanza,
no evitar al ladino
repleto de tiempo y tiempos.

Pero de pronto Dios nos dice:
no me hables de voluntad, de desidia libre,
ni de la serena antorcha de los ricos
que juegan con la sombra desvelada
hasta el desprecio mismo de los Muertos.

Guadalupe Amor

México (1917-2000)

Décimas a Dios (fragmentos)

Yo siempre vivo pensando
cómo serás si es que existes;
de qué esencia te revistes
cuando te vas entregando.
¿Debo a ti llegar callando
para encontrarte en lo oscuro,
o es el camino seguro
el de la fe luminosa?
¿Es la exaltación grandiosa,
o es el silencio maduro?

*

Tal vez yo no quiera hallarte
y por eso no te veo,
que es el ansioso deseo
el que logra realizarte.
A ti no te toca darte:
si mi soberbia te invoca,
es a mí, a quien me toca
salir al encuentro tuyo.
Me acerco a ti, te construyo…
Ya tengo fe, ya estoy loca.

*

Te quiero hallar en las cosas;
te obligo a que exista el cielo,
intento violar el velo
en que invisible reposas.

Sí, con tu ausencia me acosas
y el no verte me subleva;
pero de pronto se eleva
algo extraño que hay en mí,
y me hace llegar a ti
una fe callada y nueva.

*

Dios será la salvación,
pero es difícil hallarlo
porque no basta heredarlo
y pedirle comprensión.
Hay que abrirse el corazón
y las entrañas rasgarse,
y ya desangrada, darse,
olvidándose de todo.
Hay que buscarlo de modo
que Dios tenga que entregarse.

Gonzalo Rojas

Chile (1917)

Gonzalo Rojas

Elohim

No discuto
cuántas son las estrellas inventadas por Dios,
no discuto las partes de las flores
pero veo el color de la hermosura,
la pasión de los cuerpos que han perdido sus alas
en el vuelo del vicio;

entonces se me sube la sangre a la cabeza
y me digo por qué
Dios y no yo, que también ardo
como Él en el relámpago
único de la Eternidad?

Luis D. Salem

(Aristómeno Porras)

Colombia-México (1917-2003)

La Biblia

Estrella que al cristiano
conduce dulcemente
hasta la cuna humilde
de Cristo el Redentor;
barquilla salvavidas
en tempestad aguda
del cielo desprendida
a playas del dolor.

Dulcísimo poema
en las mortales manos;
lo cantan cuantos viajan
al reino del Señor;
gratísimos poemas
sus páginas sagradas
contienen de Isaías,
David y Salomón.

Y la afligida lira
del grande Jeremías
allí, muy triste, entona
sus cantos de dolor;
de campos de Idumea
transmite la esperanza
ideas inmortales
del afligido Job.

Los Santos Evangelios
desde el pesebre humilde

nos llevan al Calvario
de Cristo el Salvador;
nos hablan de esos clavos
que de las blancas manos
hicieron brotar rojos
claveles de dolor.

Nos hablan de la herida
en el costado abierta
do el alma perseguida
encuentra protección;
nos hablan de los brazos
por el amor abiertos,
refugios del humano
doliente corazón.

"En él halló Petrarca
sus lúgubres gemidos,
en él Dante Alighieri
vio signos de terror,
en él encontró Milton
inspiración sublime
para cantar las luchas
del pobre pecador".

Señor, yo agradecido
a ti pulso mi lira
para cantar tus glorias,
para cantar tu amor;
porque tu libro santo
es manantial profundo
donde han bebido sabios
sublime inspiración.

Sonetillo

Pluma, púlpito y martillo
—tres herramientas no más—,
te dieron, Lutero, brillo
por toda la eternidad.

Tu pluma, con gran coraje,
cual espada hizo brillar
del santo Libro el mensaje
que yacía en obscuridad.

Desde el púlpito la llama
de tu palabra derrama
torrentes de claridad.

Al golpe de tu martillo
mostraste al hombre el sencillo
mensaje de la verdad.

César
Fernández Moreno

Argentina (1919-1985)

Algún dios

sentado en la orillita de mi cama
derramándome alcohol adentro
chupando tabaco a través de un tubo que se muerde
con los oídos abiertos como vulvas a los amables sonidos
heme aquí
soberano de mí
desgastando mi vida

compacta afeitadora
vítrea mesa de luz
llaves angulosas
bien despejados los huecos de los dientes
un último rasguido a la braguette
para ver si las cosas andan bien
el automóvil espera piafante

la rubia mientras tanto en otra casa
dispone sus collares
para mejor balancearlos ante mis ojos

atrévete algún dios a pedirme cuentas
de las posibilidades que me diste o te quité
como ser espetarte esta oración

Alberto Girri

Argentina (1919-1991)

Desde Kierkegaard

Hundimos —¿o se lo sumerge?—,
el dedo en la tierra,
                    y es
para tranquilizarnos, averiguar
en qué nos apoyamos,

           pero tentados
había probables semejanzas, acuciados,
por el solo gusto de obtenerlo,
nos atrae emprender idéntica
operación con la existencia,
y es lastimoso, adverso:
                         el dedo sumergiéndose
en la existencia —¿escarbando en ella?—,
y sin impregnarse de nada,
                           ni siquiera
detectar a quién dirigirnos e indagarle
qué nos trajo aquí y después nos desechó,
cómo tomamos interés
en una empresa llamada realidad,
y si Alguien la conduce.
        Nada
de lo que se hiciera entonces
amedrentará,
                envolverá, manifiestamente,
un recaer en el universo
de nuestras dilatadas, constantes

prácticas en las análogas pruebas, resoluciones,
donde todo fue ya examinado,
$\qquad\qquad\qquad\qquad$ donde a lo sumo
nuestros balbuceos, fintas, no se exigen
ir más allá de amagos de pobrísima sustancia,
optar entre que una ventana
lleve o no cortinas,
$\qquad\qquad\qquad\qquad$ que un armario
tenga o no coloración oscura, reflejo
de hiel, viejas cóleras,
o roja, viveza de la impaciencia.

Pascal

Casi ninguna verdad,
el vacío
para sentirte seguro
contra la historia,
apóstata
por aconsejar la inconstancia,
la fatiga extrema,
la tempestad,
aunque los hombres no las amen,
por juzgarnos míseros
y tener tan alta idea de ti
que no quieres
compartir nuestras debilidades,
por ser tú mismo endeble
y admirar las moscas,
extrañas potencias
que ganan todas las batallas,
perturban el alma,
y devoran el resto,
por sustraerte al destino común
asomándote al abismo,
tu abismo, a tu izquierda,
y orar con un largo grito de terror,
por cerrarte a la caridad
mientras velas, implacable,
y exiges
que en esa agonía
que durará hasta el fin del mundo
nadie se duerma,

por haberte ofrecido a Dios
tras anunciar que en todas partes
la naturaleza señala a un Dios perdido.

Casi ninguna verdad,
el vacío
y el morir solos
debajo de un poco de tierra.
Tuviste razón,
qué necios son estos discursos.

Mario Benedetti

Uruguay (1920-2009)

Ausencia de Dios

Digamos que te alejas definitivamente
hacia el pozo del olvido que prefieres,
pero la mejor parte de tu espacio,
en realidad la única constante de tu espacio,
quedará para siempre en mí, doliente,
persuadida, frustrada, silenciosa,
quedará en mí tu corazón inerte y sustancial,
tu corazón de una promesa única
en mí que estoy enteramente solo
sobreviviéndote.

Después de ese dolor redondo y eficaz,
pacientemente agrio, de invencible ternura,
ya no importa que use tu insoportable ausencia
ni que me atreva a preguntar si cabes
como siempre en una palabra.

Lo cierto es que ahora ya no estás en mi noche
desgarradoramente idéntica a las otras
que repetí buscándote, rodeándote.
Hay solamente un eco irremediable
de mi voz como niño, ésa que no sabía.

Ahora qué miedo inútil, qué vergüenza
no tener oración para morder,
no tener fe para clavar las uñas,
no tener nada más que la noche,
saber que Dios se muere, se resbala,
que Dios retrocede con los brazos cerrados,

con los labios cerrados, con la niebla,
como un campanario atrozmente en ruinas
que desandara siglos de ceniza.

Es tarde. Sin embargo yo daría
todos los juramentos y las lluvias,
las paredes con insultos y mimos,
las ventanas de invierno, el mar a veces,
por no tener tu corazón en mí,
tu corazón inevitable y doloroso
en mí que estoy enteramente solo
sobreviviéndote.

El paraíso

Los verdugos suelen ser católicos
creen en la santísima trinidad
y martirizan al prójimo como un medio
de combatir al anticristo
pero cuando mueren no van al cielo
porque allí no aceptan asesinos

sus víctimas en cambio son mártires
y hasta podrían ser ángeles o santos
prefieren ser deshechos antes que traicionar
pero tampoco van al cielo
porque no creen que el cielo exista.

Eliseo Diego

Cuba (1920-1994)

Ante una imagen
del sudario de Turín

Y habiendo comprado una sábana...
SAN MARCOS, XV, 46

I
Otros te vieron y oyeron; a otros
tocaron tus manos venerables, perfectas, sanándolos;
en cambio
los míos y yo nos tenemos de ti sino este paño.

II
Sé que en algún recodo del tiempo está escondido el día
en que otras manos, rugosas y hábiles
le dieron fin: el calor
de aquel día,
el polvo y el olor
de aquel día,
el ruido y la conversación
y las blasfemias y llantos y alabanzas
de aquel día.

III
Como también sé que del mismo modo está oculta la
hora
en que los dedos sinuosos del mercader
dispusieron, con rápidos cuidados,
la gran pieza de paño en el anaquel sombrío
de la trastienda, en la que nunca
—¡oh nunca!—

penetró el sol, hasta el día
en que la desolación arrasó a Jerusalén
y los lagartos
hallaron sabrosa resolana en sus recintos secretos.

IV

Y ahora por fin debo imaginar pacientemente
—aunque tú sabes
que está oculto también entre los vastos pliegues
y dobleces del tiempo— el angustiado rostro
que de la turbulenta luz halla refugio
en la penumbra: por la barba
de José de Arimatea el sudor y las lágrimas
siguen los mismos surcos. Y ahora
pone una sobre otra las monedas, se distrae
apilando las dóciles monedas, en una
torre de Babel minúscula, en tanto
el ágil mercader corta el sudario.

V

En esta noche mía tan remota,
desde una de las extrañas islas de que habló Isaías,
miro la imagen del paño —pues la magia
lo hace posible así— que no la tela misma, y siento
no compasión por las tribulaciones de esos arroyuelos
de sangre
que por tus brazos convulsos buscaron acogerse a la
muerte, no,
sino una incomprensible alegría; pues ésas,
¿no son las sombras reales de tus manos? ¡Las manos
que otros miraron y tocaron, ésas mismas!

VI

Y mientras sobre las palmas y el húmedo techo de mi
casa
con un rumor de espeso terciopelo se derrumba
la noche de las islas, sepultándome
con un polvillo de murmullos en lo ido, yo me aferro
a esas sombras reales,
a tus manos
quietas y vivas bajo los pliegues y dobleces hondos
del solo inmenso, universal sudario que tú echaste
ligeramente a un lado,
alzándote
a la luz y a la vida.

Olga Orozco

Argentina (1920-1999)

Desdoblamiento
en máscara de todos

Lejos,
de corazón en corazón,
más allá de la copa de niebla que me aspira desde el
fondo del vértigo,
siento el redoble con que me convocan a la tierra de
nadie.
(¿Quién se levanta en mí?
¿Quién se alza del sitial de su agonía, de su estera de
zarzas,
y camina con la memoria de mi pie?)
Dejo mi cuerpo a solas igual que una armadura de in-
temperie hacia adentro
y depongo mi nombre como un arma que solamente
hiere.
(¿Dónde salgo a mi encuentro
con el arrobamiento de la luna contra el cristal de todos
los albergues?)
Abro con otras manos la entrada del sendero que no sé
adónde da
y avanzo con la noche de los desconocidos.
(¿Dónde llevaba el día mi señal,
pálida en su aislamiento,
la huella de una insignia que mi pobre victoria arreba-
taba al tiempo?)
Miro desde otros ojos esta pared de brumas
en donde cada uno ha marcado con sangre el jeroglífico
de su soledad,
y suelta sus amarras y se va en un adiós de velero fan-
tasma hacia el naufragio.

(¿No había en otra parte, lejos, en otro tiempo,
una tierra extranjera,
una raza de todos menos uno, que se llamó la raza de
los otros,
un lenguaje de ciegos que ascendía en zumbidos y en
burbujas hasta la sorda noche?)
Desde adentro de todos no hay más que una morada
bajo un friso de máscaras;
desde adentro de todos hay una sola efigie que fue ins-
cripta en el revés del alma;
desde adentro de todos cada historia sucede en todas
partes:
no hay muerte que no mate,
no hay nacimiento ajeno ni amor deshabitado.
(¿No éramos el rehén de una caída,
una lluvia de piedras desprendidas del cielo,
un reguero de insectos tratando de cruzar la hoguera del
castigo?)
Cualquier hombre es la versión en sombras de un Gran
Rey herido en su costado.

Despierto en cada sueño con el sueño con que Alguien
sueña el mundo.
Es víspera de Dios.
Está uniendo en nosotros sus pedazos.

En el final era el verbo

Como si fueran sombras de sombras que se alejan las
palabras,
humaredas errantes exhaladas por la boca del viento,
así se me dispersan, se me pierden de vista contra las
puertas del silencio.
Son menos que las últimas borras de un color, que un
suspiro en la hierba;
fantasmas que ni siquiera se asemejan al reflejo que
fueron.
Entonces ¿no habrá nada que se mantenga en su lugar,
nada que se confunda con su nombre desde la piel hasta
los huesos?
Y yo que me cobijaba en las palabras como en los pliegues
de la revelación
o que fundaba mundos de visiones sin fondo para sustituir
los jardines del edén
sobre las piedras del vocablo.
¿Y no he intentado acaso pronunciar hacia atrás todos
los alfabetos de la muerte?
¿No era ése tu triunfo en las tinieblas, poesía?
Cada palabra a imagen de otra luz, a semejanza de otro
abismo,
cada una con su cortejo de constelaciones, con su nido
de víboras,
pero dispuesta a tejer y a destejer desde su propio
costado el universo
y a prescindir de mí hasta el último nudo.
Extensiones sin límites plegadas bajo el signo de un ala,
urdimbres como andrajos para dejar pasar el soplo

alucinante de los dioses,
reversos donde el misterio se desnuda,
donde arroja uno a uno los sucesivos velos, los sucesivos
nombres,
sin alcanzar jamás el corazón cerrado de la rosa.
Yo velaba incrustada en el ardiente hielo, en la hoguera
escarchada,
traduciendo relámpagos, desenhebrando dinastías de
voces,
bajo un código tan indescifrable como el de las estrellas
o el de las hormigas.
Miraba las palabras al trasluz.
Veía desfilar sus oscuras progenies hasta el final del
verbo.
Quería descubrir a Dios por transparencia.

Cintio Vitier

Vitier

Cuba (1921)

Canto llano (fragmentos)

XI
No diré que te busco
por la dicha prometida:
si tú me la prometiste,
conociéndome sería.

No diré que no me inclino
por el rayo de tu ira:
aún ignorándola el alma,
la carne la temería.

Mi sujeción está hecha
de lo que hace a mi vida,
te entrego lo que yo soy:
el terror y la alegría.
Que otra cosa estoy sintiendo,
ya lo sé, pero no es mía.
(Tu amor a ti mismo entra
por mi ser, por tus espinas.)

XXIII
Materia, madre, mar, María,
nombres que vienen del origen
llenando el sabor y el sentido
de un mismo jugo en sus raíces.

Materia que es la madre pura
tendida a parir lo que existe,
místico ensueño de inocencia
recogiendo las formas vírgenes.

Mar hecho del agua del caos
y del esplendor de los límites,
regazo amargo de María
para el que nos hizo partícipes.

Lávenos bramando la mar
como una madre al hijo triste,
y en el seno de la materia
María matinal nos guíe.

A la Virgen del *Magnificat*

Señora: a las palabras del ángel,
que siguen fluyendo eternas de los labios de polvo,
respondiste con un cántico fuerte:
>   *Él ha hecho una proeza con su brazo,*
>   *ha dispersado a los soberbios de corazón...*

Ah, pero la noche del parto para ti no había lugar
en "el albergue público", que era de pobres...
>   *Ha derribado a los poderosos de su trono*
>   *y ha ensalzado a los humildes...*
bajo el imperio de César Augusto y de Cirino,
gobernador de Siria...
>   *Ha colmado de bienes a los hambrientos*
>   *y vacíos ha despedido a los ricos...*
>   y más tarde los ricos
levantaron tu imagen coloreada como un estandarte
para pelear sus guerras.

Cierto que hubo pastores y discípulos, pero tú ante el
pueblo
quedaste en la piedra, en el lienzo, en el vitral,
desde allí derramando el iris de tu gracia
que ninguna artería pudiera detener...
>   *Porque dirigió su mirada a la pequeñez de su sierva...*
como no puede el fango detener a la fuente
cuando brota incontenible de lo profundo de la tierra.

Señora: tú seguirás fluyendo de lo profundo de tu corazón,
no importa con qué nombres...
>   *Pues cosas grandes ha hecho en mí... santo es su Nombre...*

aunque desaparezcan todas tus imágenes,
para que se cumplan las palabras de Juan el desértico:
        "en medio de vosotros está uno a quien vosotros
no conocéis"
y las palabras de Juan el visionario:
        "vino a su casa y los suyos no lo recibieron".

No lo recibieron, pero vino; no lo conocen, pero está,
como están siempre frescas las palabras de su cántico...
        Enaltece mi alma al Señor
        y regocíjase mi espíritu...
en la cruz de la vida.

10 de diciembre de 1970

Fina García Marruz

Cuba (1923)

Nacimiento de la fe

Nada podría hacer que mereciera
tu altivez o tu júbilo, Dios mío,
sólo puede tu amor llenar el frío
abismo que al nacer mi carne hendiera.

Mas no porque esta cal perecedera
de mis huesos haciendo su albedrío
no sume ver tu cuerpo bendecido
se ha de escandalizar lo que en mí espera.

Ahora que sé por fin lo miserable
de esta dádiva y del incierto juicio
que puedo hacer de mi alma impenetrable,

ahora creo, Señor, en tu mirada,
en mi obra y su oscuro sacrificio,
con esa fe que se alza de la nada.

Fina García Marruz

¿De qué, silencio, eres tú silencio?

¿De qué, silencio, eres tú silencio?
¿De qué voz, qué clamor, que quién responde?
Abismo del azul ¿qué hacemos en tu seno?
hijos de la palabra como somos.

¿Qué tienes tú que ver, di, con nosotros?
¿Cómo si eres ajeno, así nos tientas?
¿Habría sed de no haber agua cierta?
¿O quién vistióme de piedad los ojos?

¿Puedo poseer, pequeña, don inmenso
que faltase a los cielos y a las aguas?
Y él ¿podría morir, sobreviviendo
menor que él, todo el fulgor del cielo,
quedar la tierna luz indiferente
al fuego que, irradiando, ha suscitado?

Federico Pagura

Argentina (1923)

Federico Pagura

Tenemos esperanza

Porque Él entró en el mundo y en la historia,
porque Él quebró el silencio y la agonía,
porque llenó la tierra de su gloria,
porque fue luz en nuestra noche fría.

Porque nació en un pesebre oscuro,
porque vivió sembrando amor y vida,
porque partió los corazones duros
y levantó las almas abatidas.

Por eso es que hoy tenemos esperanza,
por eso es que hoy luchamos con porfía,
por eso es que hoy miramos con confianza
el porvenir en esta tierra mía.

Porque atacó a ambiciosos mercaderes
y denunció maldad e hipocresía,
porque exaltó a los niños, las mujeres,
y rechazó a los que de orgullo ardían.

Porque El cargó la cruz de nuestras penas
y saboreó la hiel de nuestros males,
porque aceptó sufrir nuestra condena,
y así morir por todos los mortales.

Porque una aurora vio su gran victoria
sobre la muerte, el miedo, las mentiras,
ya nada puede detener su historia,
ni de su Reino eterno la venida.

Jorge Eduardo Eielson

Perú (1924-2006)

Cuatro parábolas del amor divino

I

¿Cómo se llama Aquél? Su apellido es ser callado.
Y es fácil ser bueno y tibio como su mano. ¿Qué hace
ahora,
por qué ama tanto la madera en que ha de morir un día,
por qué la talla siempre, oh carpintero, con ternura?
Todos besan su pie dorado, por debajo de sí, al amanecer.
Yo también lo he deseado para mi mal, debe ser suave
y acaudalado como la higuera en el estío.
Aunque su amor es el amor frugal, el que hace manso
y acogedor su misterio, deslumbrante su pobreza.

II

Este gozar en la sombra,
Dulce cuerpo que preguntas a tus manos
Por la luz. Este caerse velado
Por cualquier cosa, Señor.

Repartirse a las miradas y morir.

Este quedarse sin eco
Y en el viento límite del mar,
Unido a sus espumas con locura.

III

Mirad ese dedo Suyo que levanta la esperanza.
Afuera la oscuridad es un tenue fruto adormecido.
La taza de miel junto a la mejilla leve se ha posado.
La puerta cede a Él, se cierra destrozada.

El alféizar de nogal cae como un pájaro herido,
canta muerto. El cuarto queda enriquecido.
Los ojos se vuelven volcando la leche tibia
y la vela se apaga. Madre, ¿qué habrá pasado afuera
que está el sol ahora todo aquí adentro?

IV
Es el ruido en que nos llegas,
El triunfo azul de tus pisadas,
Con los párpados cerrados. El bullicio
De los musgos al anochecer,
La visita que nos limpia para siempre.

Se te siente perecer bajo lo inútil,
Y la estrella de tu tez se multiplica
Por el polvo, y tu aspecto, de mar
En mar se transfigura.

338

Ida Gramcko

Venezuela (1924-1994)

Lo máximo murmura

Si algo ha nacido
desde una paz que, por lo luminosa, es única en su
ámbito máximo y apacible,
que cambiara, ¿no sería, para Dios, como si hubieran a
la luz herido?
Para Dios, como para el sentimiento total, todo cambio
de ser es imposible.

*

Si lo que se percibe
es total, luminoso, como un todo,
se siente solitario, sin dualidad, sin duda, sin declive,
se sabe que ya nunca podría ser de otro modo
o con otra presencia que cambie o que derribe
su luz. Sería como cambiar el agua más pura por el lodo.

*

Si puede una total, máxima ofrenda
donarse de otro modo, conjeturo
que necesita enmienda
y no se dio como un aliento puro.

Si ahora mi alma entera se encomienda
a afinidad total donde maduro,
cambiarla sería herir su tierna senda
por vericueto múltiple y oscuro.

Si no hay fidelidad que la defienda
¡aparezca yo en lo infiel y en lo inseguro!

*

Si un único allegarse en mí se hizo
—¿sólo en mí?— y en luminosa, única, segura compañía
creció —¿tan sólo en mí?— es natural que lúcido y
preciso
se haga en quien tuvo conmigo esa increíble cercanía.

Lo increíble, ¿puede volverse débil o indeciso?

Dios es tan grande que parece imposible su dádiva total
de eterno día.

¿Dudar entonces de lo que se percibe más total? ¿No ser
sumiso
al máximo fulgor? ¿I pensar sólo que es locura mía?

Dudar, ¿no es enfermizo?

Dudar de lo más claro, de lo que me concede confianza
y alegría,
¿no es volver a lo oscuro, a lo impreciso?
¿O la salud es una duda mórbida y sombría?

*

¡Bienaventurados aquéllos que no
han visto y han creído!
NUEVO TESTAMENTO

Si como único arroyo la presencia
afín hoy se me niega y la criatura

no está, ¿puedo negar la permanencia
de la unión esencial, máxima y pura?
Es veraz su absoluta iridiscencia
porque en lo temporal no es que perdura.
Divina luz no es cotidiana fluencia.
No se cultiva nunca. Está madura
desde su primeriza omnipotencia.
Inmóvil en su diáfana dulzura
nunca se da en la hora, en la elocuencia
mortal. Pues su gorjeo sin mesura
es como una infinita confidencia.
Silencio casi en su total ternura.
Suavidad en su idéntica cadencia.

Lo máximo es lo íntimo. Murmura.
Así en medio del bosque y su turgencia
se escucha el agua clara en la espesura;
que todo ante la única inocencia
de lo divino, es como rama oscura.
Rumor de luz exacta en la conciencia
pese a no ver su fuente o su figura.
Lo humano es lo que tiene la apetencia
del vocablo, del cuerpo y la envoltura
por crecer en su móvil existencia.
Sacro mutismo, la quietud segura
de lo divino es hondo en su evidencia
sin clamar cada día por su altura
porque ésta se la siente sin ausencia
y es cielo que, sin piel, se nos procura.
No veo hoy yo la fuente mas su esencia
se escucha en lo más alto y en su hondura.
Dentro se oye inmutable transparencia.
I esta unión, sin el ámbito, fulgura.

Salmos (fragmento)

No me sorprendería que de estos
muros surgiera un manantial.
M. S.

Lo milagroso
es que surja un vivir inusitado.
Que emerja un astro diáfano de un pozo.
Que en los desiertos se derrame un prado.
Pero todo prodigio numinoso
ha sido ante lo nuestro limitado.
¡Qué máximo portento luminoso
tendió su trigo diáfano y dorado
tan sólo en este encuentro fervoroso
lo mismo que un balsámico brazado!
Nunca fuera el fervor tan fabuloso.
Nunca lucero fuera tan legado.
Nunca, nunca, tan claro, tan copioso
el río por nosotros encontrado.
Lo divino jamás tan nemoroso.
El fulgor tan astral, tan espigado.
Se nos dio grácil, invisible gozo.
Nunca vi lo esencial tan destinado.
Mas ¿a qué comparar? No hay prodigioso
suceso para ser relacionado
con este mutuo hallazgo soledoso
de un alma que se le ha identificado
al Sol, al Sol sublime y sonoroso
pues áureo lo vivimos y cantado.
No me sorprendería, cual tu brioso
decir lo dice, brioso y tan bañado

de luz, que un manantial vasto y brilloso
brotara de este muro y a tu lado.
Mas ese manantial maravilloso
sería etéreo, alígero y alado,
sería un haz de estrellas, un lumbroso
espiritual océano elevado.
Pues sobre el breve círculo terroso,
suelo fugaz o mundo confinado,
el alto Amor azul y esplendoroso
nunca fuera tan hondo y tan amado.

*

No te puedo nombrar. No tienes nombre. Eres lo que
se siente. Nunca lo que se explica. ¡Oh mi Absoluto
Amado, a quien descubro ahora sin que ninguna forma
lo limite! Perdóname la antigua reflexión.
No eres lo que se piensa. Eres lo que se ama. No eres
conocimiento sino sólo estupor. No eres el perfil sino el
asombro. No eres la piedra sino lo inaudito. No eres la
razón sino el amor.
De la mano del Ángel yo he ascendido a tu hallazgo
que nunca es un concreto tesoro sino continuamente un
descubrimiento inenarrable. El Ángel, a mi lado, sintió
también intensa, más intensa que nunca, más intensa
que con algo o con alguien, esa visión de inmensidad.
Como con nadie, no porque cada caso es singular, sino
porque aquel acto fue más hondo que todos los suyos,
como si recibiéramos de pronto un advenimiento
de infinito.
Y es útil pensar en encarnarte. Eres lo que nunca se
puede encarnar ni nombrar porque sólo nos juntas las

manos y nos haces doblar las rodillas.

Déjame sentirte, ¡oh infinitud, oh zona inmensa, dimensión sobrehumana, oh mi Dios, siempre como la piel deslumbrada tanto que el cuerpo se me vuelva luz!

Déjame estupefacta, arrebatada, y déjame que vibre para siempre con la palpitación mía e íntima.

Quisiera ser aquella que permanece, atónita, ante ti. La que no sabe de tu nombre, la que no sabe de tu forma, una ignorante estremecida. Y que así sea

Lêdo Ivo

Brasil (1924)

Descubrimiento de lo inefable

Sin lo sublime ¿qué es el poeta? Sin lo inefable ¿cómo puede
alabar, si no trae para sí mismo,
la plena y extraña juventud de la joven a quien ama?
¿Qué es el poeta, que imita las mareas,
sin adquirir con el tiempo una serenidad de cosa
siempre desnuda
como si las estrellas estuviesen caminando gobernadas
por su sonrisa
y sus brazos agitasen los árboles heridos por la claridad
de la luna?

Sin que su canto suba hasta los cielos, sofocante música
de la tierra,
¿qué es el poeta?
Soy libre cuando canto. Y quiero
que mi respiración oriente la voluntad de las nubes
y mi amoroso pensamiento se mezcle al horizonte.
Cantando quiero a octubre, quiero la lágrima de sal
en el instante anterior al despertar: hoja volando.

Sin lo inefable, que dura sin permanecer,
¿cómo conseguiré alabar a esa joven a quien amo,
que nace en mi recuerdo plena como la noche
y triunfante como una rosa que durase eternamente
no se limitase a la gloria de un día?
Sin lo inefable, que valoriza las manos y hace volar el amor,
no podré descender de repente
al infierno de su cuerpo desnudo.

Lo sobrenatural todavía existe. Y no seremos nosotros
los que alteraremos el indivisible orden de las cosas
con nuestras manos que podrán quedar inmóviles
en pleno amor, frente al cuerpo amado.

Es inútil pensar que los ángeles murieron
o partieron, buscando otros lugares.
Ellos todavía están, unidad admirable del Día y la
Noche,
entre las nubes y las casas en que habitamos.

Repentinamente, las voces de la infancia nos llaman
hacia el mágico viaje
y recuerdan que podemos huir hacia la lejanía
conservada en la eternidad.
Entonces, nuestras necesidades no se reducen sólo a
comer, dormir y amar.
Necesitamos de los ángeles para ser hombres.
Necesitamos de los ángeles para ser poetas.

Ven incontable música, y anuncia
(al poeta y al hombre, humilde unidad)
la resurrección diaria de los ángeles.
Restaura en mí la certeza de que la hoja que vuela es su
indomable divertimento
pues a veces siento que mi primer verso fue murmurado
tal vez,
sin que yo lo supiese, por un ángel
perturbado por mi aire desesperado de papel en blanco.

No es la mañana, depositando la simiente de alegría en
el corazón de los hombres.

No es la vida, cántico triunfal descendiendo sobre las
almas.
No es el poeta, subiendo por los andamios de la carne
del recuerdo de una mujer.
Son los ángeles que vinieron a vincularnos, una vez más,
al orden eterno y a la anunciación.

No nos liberaremos jamás de esos ángeles
hechos de tierra y mar, creaturas celestes
que dejan caer en nosotros el sol de la armonía.

Es inútil matar a los ángeles.
Ellos son invisibles y traicioneros.
De pronto, cuando nos sentimos seguros, ya no somos
los consumidores de instantes, y estamos
entre el Día y la Noche, en el umbral
de una eternidad vigilada por ellos.

Versión de Carlos Montemayor

Cristo en São Paulo

En la noche de Navidad
cuando las campanas tocaban
vi a Cristo caminando
en una calle de São Paulo.
Cuando nació era ya un hombre hecho,
traía desde su cuna
la soledad y la muerte.
El viento blanco y frío
susurran en secreto:
"¡Qué breve es la vida
para los hombres y los dioses:
un suspiro de Cristo
exhalado en la oscuridad!".
Cargando la cruz
Jesús iba solo
camino del Calvario.
Nadie lo acompañaba.
Luminoso rumor
de una noche de fiesta.
Jesús se estremecía.
¡Qué fría era la noche!
Y la boca del metro
en la neblina
devoraba sus pasos.

Versión de Maricela Terán

Ramón Xirau

España-México (1924)

Presencia

¿Qué busco en este mundo, sino
tu silenciosa voz
que en el mal pone amor y encuentra amor?

Pero las luces de la ciudad especulan
con el níquel de las ventanas
y no hay vida que no tenga
algún principio puro,

ni nacimiento sin la muerte,
ni estallido sin espuma,
ni negación total sin la presencia.

¿Y qué busco en las cosas,
sino su huella llameante,
tu herida luminosa en las hojas
trémulas de pájaros?

Nacimiento sin muerte,
vida que me busca, me enmuralla,
¿dónde tu mar secreto,
inmóvil como el tiempo
de la saeta?

Una voz de desierto se estremece en las faunas
diminutas del árbol.

Gradas (fragmentos)

II

Las frutas y los cortos mirajes de la noche
son cachorros blancos. Cielo encendidamente arco,
Martín del Arco —¿y dónde, dónde Dios?
Bien lo saben las yerbas verdes, verdes,
bien lo saben las gradas del naciente mar,
bien lo saben los pájaros madrugadores,
bien lo sabe la oruga de las yerbas
que Dios es Dios en cada
trozo del mundo, trozo de hielo y heladura
más allá de las cosas Dios de cosas,
barcas nacen y vuelven, hijas claras
de barcas-luz, de barcas cuerpo a barlovento.

En las playas serenas de la tarde, cantan
descendientes de Giotto, muro a muro,
hijos del mundo, hijos
del Hijo. Basta, el silencio habla. Basta.
Silencio, habla. Basta el silencio calla
calladico, calladamente. Te dice.
Una plegaria —naves del mar navegan—,
una plegaria —las rosas mar navegan—,
una plegaria; las ruinas
vuelven hacia la forma exacta del origen.
Orar (no, no hablar, orar),
verte en las hojas doradas,
gregoriosamente el canto nace de la barca,
el canto brota en la madera viva de la barca.

III
Arenas crujen
danzan ríos
y Tú ríes y juegas,
lo ha dicho el Maestro Eckhart:
"Él ríe y juega".

Los sauces se hacen ríos
y los ríos se vuelven sauces,
todo el universo se mira
en la mirada de Tus ojos.

Ah, en el mar, manzanos,
ah, en el mar, la ventisca
revira vira
viraviento.

IV
Aguijones, abejas, las estrellas
calladamente, Cachorro. Silencio.
Cantan. Todo canta. ¿El mal?
Está en el mundo y no es del mundo
y la muerte y la muerte y la muerte
¿y la muerte de la muerte?
El alma viva de las algas sabe
que la muerte no es muerte,
sabe que nació para matar la muerte.
Ligeras, ligeramente, las gaviotas
son barcas barcas
rodeadoras de islas.

V
Sin saberlo han entrado en tu Templo,
las músicas antiguas y tocadas son presentes,

354

pero, duro, el oído no oye nada. El templo es bello
y es viejo el Templo de los muros vivos,
la flor de la humedad es la flor de la humildad.
¡En la ojiva, en los órganos, cuántas
voces, cuántas en el silencio transparente
cuántas y cuántas voces, oh barcas!
He entrado en tu Templo
de tierra-oro, tierra-brasa encendida.
En los muros las velas de Aquellos
hombres viven aún, limpias y blancas. ¿Dónde estás?
No hay lugar ni espacio ni tiempo donde estés
Tú; no hay círculos ni claras esferas.
Escuchemos, ojos mortales, en el silencio,
concentrados, vivos, atentos en el

                               Silencio.

Hacia Tu mar penetran lentas barcas,
penetran lentamente nuestras barcas.

VII

Cae el pantano, cae el mundo, cae mojado,
pesado, oscuro, hacia el silencio negro,
hacia el otro silencio. Los metales parecen
fundirse no por fuego, no por nieve,
sí por las alas sucias. Cae a fondo, a plomo,
la noche, cae el mar. Las fibras de los pájaros
se quiebran un instante, decía Kierkegaard, es
la condena (un instante también la salvación).
Pero pesados, pálidos, sucios de noche muerta,
caen los cantos, es decir, cae el mundo,
pantano, muelle de agua, viento mojado
mojadamente, haz de gavillas de oscuridad
ausente de luz. ¿Y no es ya el agua, no es ya el fuego,

355

no es ya la tierra, el viento-agua no es ya?
Los elementos se funden, desafinan, desesperan.
Pero si Vida y Muerte son instantes,
¿no puede, en las aguas del muelle, muelle a muelle,
renacer·llena de color
                        la Vida?

Versiones de Andrés Sánchez Robayna

Mortimer Arias

Uruguay (1925)

En medio de la vida

En medio de la vida
estás presente, oh Dios,
más cerca que mi aliento,
sustento de mi ser.
Tú impulsas en mis venas
mi sangre al palpitar,
y el ritmo de la vida
vas dando el corazón.

Coro
Oh, Dios de cielo y tierra,
te sirvo desde aquí;
te amo en mis hermanos,
te adoro en la creación.

Tú estás en el trabajo
del campo y la ciudad,
y es himno de la vida el diario trajinar.
El golpe del martillo,
la tecla al escribir,
entonan su alabanza
al Dios de la creación.

Tú estas en la familia,
huésped de cada hogar,
oyente invisible
de nuestro conversar.
Bendices nuestra mesa
y no nos falta el pan,

358

cuidas de nuestros hijos,
fruto de nuestro amor.

Tú estás en nuestra infancia
y en nuestra juventud,
la vida fructificas
en nuestra madurez.
En medio de la muerte
está presente, oh Dios,
llamando a nuestras vidas
a eterna plenitud.

Rosario Castellanos

México (1925-1974)

Muro de lamentaciones
(fragmentos)

I

Alguien que clama en vano contra el cielo:
la sorda inmensidad, la azul indiferencia,
el vacío imposible para el eco.
Porque los niños surgen de vientres como ataúdes
y en el pecho materno se nutren de venenos.
Porque la flor es breve y el tiempo interminable
y la tierra un cadáver transformándose
y el espanto la máscara perfecta de la nada.

Alguien, yo, arrodillada: rasgué mis vestiduras
y colmé de cenizas mi cabeza.
Lloro por esa patria que no he tenido nunca,
la patria que edifica la angustia en el desierto
cuando humean los granos de arena al mediodía.
Porque yo soy de aquellos desterrados
para quienes el pan de su mesa es ajeno
y su lecho una inmensa llanura abandonada
y toda voz humana una lengua extranjera.

Porque yo soy el éxodo.
(Un arcángel me cierra caminos de regreso
y su espada flamígera incendia paraísos.)
¡Más allá, más allá, más allá! ¡Sombras, fuentes,
praderas deleitosas, ciudades, más allá!
Más allá del camello y el ojo de la aguja,
de la humilde semilla de mostaza
y del lirio y del pájaro desnudos.

No podría tomar tu pecho por almohada
ni cabría en los pastos que triscan tus ovejas.

Reverbera mi hogar en el crepúsculo.

Yo dormiré en la Mano que quiebra los relojes.

V
Entre las cosas busco Tu huella y no la encuentro.
Lo que mi oído toca se convierte en silencio,
la orilla en que me tiendo se deshace.

¿Dónde estás? ¿Por qué apartas tu rostro de mi rostro?
¿Eres la puerta enorme que esconde la locura,
el muro que devuelve lamento por lamento?

Esperanza,
¿eres sólo una lápida?

VI
No diré con los otros que también me olvidaste.
No ingresaré en el coro de los que te desprecian
ni seguiré al ejército blasfemo.

Si no existes
yo te haré a semejanza de mi anhelo,
a imagen de mis ansias.
Llama petrificada
habitarás en mí como en tu reino.

VII
Te amo hasta los límites extremos:
la yema palpitante de los dedos,
la punta vibratoria del cabello.

Creo en Ti con los párpados cerrados.
Creo en Tu fuego siempre renovado.

Mi corazón se ensancha por contener Tus ámbitos.

VIII
Ha de ser tu substancia igual que la del día
que sigue a las tinieblas, radiante y absoluto.
Como lluvia, la gracia prometida
descenderá en escalas luminosas
a bañar la aridez de nuestra frente.

Pues ¿para qué esta fiebre si no es para anunciarte?

Carbones encendidos han limpiado mi boca.

Canto tus alabanzas desde antes que amanezca.

Misterios gozosos (fragmentos)

XIII
Señor, agua pequeña,
sorbo para tu sed
espera.

Señor, para el invierno,
alegre,
chisporroteante hoguera.

Señor, mi corazón,
la uva
que tu pie pisotea.

XVII
Más hermosa que el mundo tu mirada
¡y el mundo es tan hermoso!
Preferible tu amor
a los frutos amables de la tierra,
a la embriaguez amante de los aires.

Tu presencia más grande que los mares.

Yo he buscado a los hombres
que llevan la justicia a sentarse en los pórticos
y vigilan el fiel de la balanza,
para cambiar las joyas y las túnicas
y los dones preciosos
por la menor de todas tus palabras.

Roberto Juarroz

Argentina (1925-1995)

Poesía vertical

VIII, 69

Me está sobrando dios.

Debo recortar sus extremos
y recuperar el habla,
antes que se borren mis límites.

Debo reconocer una vez más el campo
y decirme tres o cuatro palabras,
antes que todo se unifique.

Debo trasplantar lo que amo
y asegurarle por lo menos una fuente,
antes de volverme de espaldas.

Debo salvar algunas cosas,
aunque ya no me salve,
antes que todo se pierda.

Y para eso es preciso
que dios me esté faltando.

IX, 14

También el infinito
tiene un derecho y un revés.

Los dioses siempre están al derecho,
aunque a veces se acuerden quizá del otro lado.
El hombre siempre está al revés
y no puede acordarse de otra parte.

Pero también el infinito
suele dar vueltas en el aire como una moneda,
que no sabemos quién arroja
con sus giros de sarcásticas guiñadas.

Y así cambian a veces los papeles,
pero no seguramente la memoria.
El hombre es el revés del infinito,
aunque el azar lo traslade un instante al otro lado.

para Michel Camus y Claire Tiévant

XII, 26

Hemos llegado a una ciudad sagrada.
Preferimos ignorar su nombre:
así le podemos dar todos los nombres.
No encontramos a quién preguntar
por qué estamos solos en la ciudad sagrada.
No conocemos qué cultos se practican en ella.
Sólo vemos que aquí forman un solo filamento
el hilo que une toda la música del mundo
y el hilo que une todo el silencio.

No sabemos si la ciudad nos recibe o nos despide,
si es un alto o un final del camino.
Nadie nos ha dicho por qué no es un bosque o un
desierto.
No figura en ninguna guía, en ningún mapa.
Las geografías han callado su ubicación o no la han
visto.

Pero en el centro de la ciudad sagrada hay una plaza
donde se abre todo el amor callado
que hay adentro del mundo.
Y sólo eso comprendemos ahora:
lo sagrado
es todo el amor callado.

XIII, 31

La ausencia de dios me fortifica.
Puedo invocar mejor su ausencia
que si invocara su presencia.

El silencio de dios
me deja hablar.
Sin su mudez
yo no hubiese aprendido a decir nada.

Así en cambio
pongo cada palabra
en un punto del silencio de dios,
en un fragmento de su ausencia.

Miguel Arteche

Chile (1926)

Navidad

La eternidad de Dios crece en mi vientre.
Todo en pañal está sobre la tierra.
¡Qué diminuto el sol y qué simiente
para estas manos tan pequeñas!

La eternidad de un niño en el pesebre.
¡Tan clandestino Dios, tan primogénito!
El mar es una gota en esta frente
y en estos ojos tan pequeños.

El firmamento lleno de belenes;
todo el cielo de parto; el archipiélago
de los ángeles mudo se detiene,
porque ahora Dios está pequeño.

Inclínate, montaña: que no gima.
Protéjalo el planeta, y el rocío
se haga leche en su boca. ¡De rodillas:
que en este montoncito no haga frío!

No haga frío en los clavos: que el establo
meza de río a sol la cuna arriba,
meza los continentes en la mano,
haga de nube a pluma la mantilla.

No haga frío en el árbol: que los vientos
corderos se arrodillen a sus pies;
pero en sus dientes tan pequeños siento
la esponja de la sed,

el agua del costado, y el vinagre
que espía en las ventanas más allá.
¡Detente espina, al borde de su sangre!
Pero ¿te detendrás?

¿Te detendrás, sudario, en sus pañales?
Las monedas, ¿no empiezan a gemir
de treinta en treinta sobre el mundo? ¿Hay alguien
más indefenso aquí,

más huesito nevado de mi entraña,
más azúcar de encía en mi pezón,
yema de uñita en mi regazo, rama
de leche, más amor?

La eternidad de tres sobre la paja.
¡Tan íntimo del buey que está mi niño
durmiendo forastero de su cara!
¿Van a azotar al trigo?

¿Van a escupir la miga de sus dedos
y a clavar este pan que está dormido
de mí, fuera de mí, pero pequeño,
umbilical y mío?

¿Van a horadar los pies de la azucena
y a morder sus rodillas
con tinieblas y hiel, donde te espera
una lanza que brilla,

donde talan un árbol, donde el mundo
unas manos se limpia

en vano de rojez? ¿No estás oscuro,
sol, sobre esta gavilla

de carne apenas? Si tu cuerpo pesa
la estatura de un hilo,
¿de dónde sacarán cruz tan pequeña,
copo recién nacido?

Luto

Como el ojo de Dios estoy oscuro.
Oscuro el papel blanco, y la azucena
como la oscuridad que da la pena
cuando en la noche brota desde el muro.

Detrás del sol, detrás, estoy seguro
existe sólo el asco de la arena,
la vasta eternidad que saja y llena
mi lengua donde al luto me apresuro.

¿Cómo no estar sombrío hasta las sienes,
ojo de Dios, relámpago de espía,
si estás siempre de parto entre las tumbas?

¡Y cómo no estar lóbrego si vienes
sólo bajo tu zarpa de agonía
cuando sobre mi pecho te derrumbas!

Gólgota

Cristo, cerviz de noche, tu cabeza
al viernes otra vez, de nuevo al muerto
que volverás a ser, cordero abierto,
donde la eternidad del clavo empieza.

Ojos que al estertor de la tristeza
se van, ya se nos van. ¿Hasta qué puerto?
Toda la sed del mundo te ha cubierto,
y de abandono toda tu pobreza.

No sé cómo llamarte ni qué nombre
te voy a dar, si somos sólo un hombre
los dos en este viernes de tu nada.

Y siento en mi costado todo el frío,
y en tu abandono, a solas, hijo mío,
toda mi carne en ti crucificada.

Ernesto Cardenal

Nicaragua (1926)

2 A.M.

2 A.M. Es la hora del Oficio Nocturno, y la iglesia
en penumbra parece que está llena de demonios.
Esta es la hora de las tinieblas y de las fiestas.
La hora de mis parrandas. Y regresa mi pasado.
           "Y mi pecado está siempre delante de mí".

Y mientras recitamos los salmos, mis recuerdos
interfieren el rezo como radios y como roconolas.
Vuelven viejas escenas de cine, pesadillas, horas
solas en hoteles, bailes, viajes, besos, bares.
Y surgen rostros olvidados. Cosas siniestras.
Somoza asesinado sale de su mausoleo. (Con
Sehón, rey de los amorreos, y Og, rey de Basán.)
Las luces del "Copacabana" rielando en el agua negra
del malecón, que mana de las cloacas de Managua.
Conversaciones absurdas de noches de borrachera
que se repiten y se repiten como un disco rayado.
Y los gritos de las ruletas, y las roconolas.
           "Y mi pecado está siempre delante de mí".

Es la hora en que brillan las luces de los burdeles
y las cantinas. La casa de Caifás está llena de gente.
Las luces del palacio de Somoza están prendidas.
Es la hora en que se reúnen los Consejos de Guerra
y los técnicos en torturas bajan a las prisiones.
la hora de los policías secretos y de los espías,
cuando los ladrones y los adúlteros rondan las casas
y se ocultan los cadáveres. Un bulto cae al agua.
Es la hora en que los moribundos entran en agonía.

La hora del sudor en el huerto, y de las tentaciones.
Afuera los primeros pájaros cantan tristes,
llamando al sol. Es la hora de las tinieblas.
Y la iglesia está helada, como llena de demonios,
mientras seguimos en la noche recitando los salmos.

Ernesto Cardenal

Salmo 5

Escucha mis palabras oh Señor
                    Oye mis gemidos
Escucha mi protesta
Porque no eres tú un Dios amigo de los dictadores
ni partidario de su política
ni te influencia la propaganda
ni estás en sociedad con el gangster

No existe sinceridad en sus discursos
ni en sus declaraciones de prensa

Hablan de paz en sus discursos
mientras aumentan su producción de guerra

Hablan de paz en las Conferencias de Paz
y en secreto se preparan para la guerra

                    Sus radios mentirosos rugen toda la noche

Sus escritorios están llenos de planes criminales y
expedientes siniestros
Pero tú me salvarás de sus planes

Hablan con la boca de las ametralladoras
Sus lenguas relucientes
                    son las bayonetas...

Castígalos oh Dios
                    malogra su política

confunde sus memorandums
                    impide sus programas

A la hora de la Sirena de Alarma
tú estarás conmigo
tú serás mi refugio el día de la Bomba

Al que no cree en la mentira de sus anuncios
comerciales
ni en sus campañas publicitarias ni en sus campañas
políticas
                    tú lo bendices
Lo rodeas con tu amor
                    como con tanques blindados

NO SIENTO ESCRÚPULO POR NO PODER ORAR.

        Juntos el infinito y yo, yo
        sin sentir lo más mínimo.
Igualito que si Dios no existiera.
Simplemente nada. ¿Cabe con respecto al infinito
intimidad mayor?

Jaime Sabines

México (1926-1999)

Poemas de una horas místicas

I
Es inútil. Todo vuelve a nacer.
Para la obscura boca que nos traga,
para el amor y el odio,
para el llanto,
aquí estamos.
Sobrevivientes del día de ayer,
con los ojos puestos a secar al sol
y con el corazón extendido en la mano como una carta.
A ti, Dios, acudo
para rayarte la espalda terca
y pegarte en la oreja hasta que vuelvas a verme,
padre mío, justo.
He caminado de rodillas todos estos días,
dormido sobre brasas,
y estoy débil
como un hombre en su primer día de muerto.

II
En esta gran aventura nuestra, mía,
Dios mío, pierdo.
Por subterráneos andamos, buscándonos, llamándonos,
igual que dos amigos perdidos.
Inextricable estás,
madeja de sombra, raíz obscura, obscura,
nido de sirenas.
Con ojos de tres meses te espero,
corazón alambrado.
Dios, hermano, lo que no sé,

lo que no quiero, viejo porvenir.
Estoy desmantelado, aguardándote,
y siento tus pasos sobre mi pecho, crujiendo
como sobre un piso de maderas podridas.
Vacío y viejo, y con miedo y con odio,
en mi soledad te acecha mi amor
para atraparte, vivo, como a un pájaro.

III
Bajo tus alas, en la dura sombra
que te baja a mis manos,
enclenque estoy, torcido, como un árbol torcido.
He visto, he estado con gentes a quienes quiero,
me la he pasado hablando, haciendo,
aquí y allá, tratando de corregirme,
de crecer en medio de las cosas perfecto.
Pero no sé, no puedo, necesito.

A picotazos me tratas
y estoy cansado, malherido.
Tercamente, igual que un mono, estoy limpiándome,
quitándome las manchas con todo y piel,
caído en tu tierra de almas.

IV
Viene, Señor, de todos los días
una agria memoria
más lenta, más fuerte, más honda
que este deseo.
Viene mi rostro de quince años
y vienen otras caras y mi cadáver.

A lo largo de todos
me extiendo
como una vara de humo,
y mi corazón es largo igual que la música.

Y ahora sigo tu rastro,
olfateo como un sabueso cansado.

V
Todo lo que digo de ti es cierto
cuando te bendigo,
cuando hablo mal de ti:
es lo que Tú dices de Ti,
yo soy tu instrumento.
Con esta misma mano con que escribo
me he llevado en este momento el pan a la boca
y he olido que mi mano huele, reciente,
a ese doloroso olor del sexo femenino
que hasta en las vírgenes no resiste a las horas.
He comido mi pan con olor
mientras pensaba y pienso que entre tú y yo hay
alambradas
en que queda sólo la piel de uno, del más débil, del más
deseoso.

Yo no me lamento.
Yo siento que estoy bien,
que está bien todo lo que has hecho o deshecho.
Tú eres el más fuerte.

VI
Estoy vecino al caos, a la imagen.
Siento que sube el nivel del vacío en mi vaso

y me place aniquilarme.
Mi cabeza, sobre una charola, en mis manos,
predice el porvenir
y guiña un ojo a la mujer bonita.

Hermano, amigo mío, enteténme en algo,
méteme una hormiga en la oreja,
arráncame una uña,
dame un pedazo de destino.

Porque esta soledad sin oficio
es peor que todo,
es un croar en el corazón.

Ábreme, Padre, la puerta del patio
y deja que me eche por allí,
sobre tu obscuro olor.

Me encanta Dios

Me encanta Dios. Es un viejo magnífico que no se toma en serio.

A Él le gusta jugar y juega, y a veces se le pasa la mano y nos rompe una pierna o nos aplasta definitivamente.

Pero esto sucede porque es un poco cegatón y bastante torpe con las manos.

Nos ha enviado a algunos tipos excepcionales como Buda, o Cristo, o Mahoma, o mi tía Chofi, para que nos digan que nos portemos bien.

Pero esto a Él no le preocupa mucho: nos conoce. Sabe que el pez grande se traga al chico, que la lagartija grande se traga a la pequeña, que el hombre se traga al hombre.

Y por eso inventó la muerte: para que la vida —no tú ni yo— la vida, sea para siempre.

Ahora los científicos salen con su teoría del Big Bang... Pero ¿qué importa si el universo se expande interminablemente o se contrae? Esto es asunto sólo para agencias de viajes.

A mí me encanta Dios. Ha puesto orden en las galaxias y distribuye bien el tránsito en el camino de las hormigas.

Y es tan juguetón y travieso que el otro día descubrí que ha hecho frente al ataque de los antibióticos ¡bacterias mutantes!

Viejo sabio o niño explorador, cuando deja de jugar con sus soldaditos de plomo de carne y hueso, hace campos de flores o pinta el cielo de manera increíble.

Mueve una mano y hace el mar, y mueve la otra y hace el bosque.

Y cuando pasa por encima de nosotros, quedan en las
nubes, pedazos de su aliento.

Dicen que a veces se enfurece y hace terremotos, y
manda tormentas, caudales de fuego, vientos desatados,
aguas alevosas, castigos y desastres.

Pero esto es mentira. Es la tierra que cambia —y se
agita y crece— cuando Dios se aleja.

Dios siempre está de buen humor. Por eso es el
preferido de mis padres, el escogido de mis hijos, el
más cercano de mis hermanos, la mujer más amada,
el perrito y la pulga, la piedra más antigua, el pétalo
más tierno, el aroma más dulce, la noche insondable, el
borboteo de luz, el manantial que soy.

A mí me gusta, a mí me encanta Dios. Que Dios
bendiga a Dios.

Miguel Yacenko

Argentina (1927-2002)

Miguel Yacenko

Quiero ser...

El que cante la dádiva divina,
Con la fuerza que brota desde el alma,
Con palabra sencilla y cristalina
Infundiendo así paz, preciada calma.

El que ponga la nota de alegría
De sana convivencia, de amistad;
Creando en todo tiempo la armonía,
Siendo ejemplo innegable de bondad.

El que extienda la mano presurosa
Al ver necesidades y dolor,
En gesto solidario y dadivoso
Cual vibra sensitiva del amor.

El que lleva su cruz con entereza,
Siguiendo el derrotero insobornable,
Con la meta signada de nobleza
En ideario que cunda, así imitable.

El que muestre la Luz, tras sus acciones,
Y el sello de la vida renovada,
Ofrendando al Eterna así sus dones,
Cumpliendo lo que al Padre siempre agrada.

Pedro Casaldáliga

España-Brasil (1928)

Un Dios diferente

"Honest to God"

Hoy este río es otro.
las raíces desnudas;
la coraza de troncos y ramaje
aprisionando las riberas sueltas.
La playa, solitaria,
expuesta al sol despiadadamente.
Llena el agua de aceite babeante en la orilla,
y la floresta, atrás, densa y cerrada.

...Todavía se exhiben las serpientes temidas
y surge, en la penumbra,
la antigua faz de los Xavantes fieros...

-"A piranha, menina!",
chilla una voz en la fazenda próxima.

Vamos solos, después; vamos cansados;
sin otra embarcación , leguas y leguas.
Con tres semanas nuevas de Evangelio, delante.

El sol rutila, terco, contra el cobre nervioso.

-"Dios no está encima ni está fuera" ...Dios,
¿dónde está Dios?
¡Dios mío! ¡nuestro! ¡vuestro!
¡Tan verdadero y vivo; tan lejano y tan próximo!
¡Padre nuestro que "estabas" en los cielos!

¡Padre nuestro que estás aquí, en mi vida,
por el Río das Mortes...!

En Quien soy, a Quien llamo,
a Quien vamos,
en Quien espero a gritos.
¡A Quien, viviendo simplemente, amo!

...Y el río tierra abajo, tarde adentro.
Y el barco río arriba...

Versión de Dios

En la oquedad de nuestro barro breve
el mar sin nombre de Su luz no cabe.
Ninguna lengua a Su Verdad se atreve.
Nadie lo ha visto a Dios. Nadie lo sabe.

Mayor que todo dios, nuestra sed busca,
se hace menor que el libro y la utopía,
y, cuando el Templo en su esplendor Lo ofusca,
rompe, infantil, del vientre de María.

El Unigénito venido a menos
traspone la distancia en un vagido;
calla la Gloria y el Amor explana;

Sus manos y Sus pies de tierra llenos,
rostro de carne y sol del Escondido,
¡versión de Dios en pequeñez humana!

Jesús de Nazaret

¿Cómo dejarte ser sólo Tú mismo,
sin reducirte, sin manipularte?
¿Cómo, creyendo en Ti, no proclamarte
igual, mayor, mejor que el Cristianismo?

Cosechador de riesgos y de dudas,
debelador de todos los poderes,
Tu carne y Tu verdad en cruz, desnudas,
contradicción y paz, ¡eres quien eres!

Jesús de Nazaret, hijo y hermano,
viviente en Dios y pan en nuestra mano,
camino y compañero de jornada,

libertador total de nuestras vidas
que vienes, junto al mar, con la alborada,
las brasas y las llagas encendidas.

Enriqueta Ochoa

México (1928-2008)

El suicidio

Para Rubén Tamez Garza

Pienso en la fecha de mi suicidio
y creo que fue en el vientre de mi madre;
aun así, hubo días en que Dios me caía
igual que gota clara entre las manos.

Porque yo estuve loca por Dios,
anduve trastornada por él,
arrojando el anzuelo de mi lengua
para alcanzar su oído.
Su fragancia penetraba en mi piel
palabras que no alcanzo a entender,
que no voy a entenderlas, quizá...
Aprendí muy tarde a conocer varón,
lo sentí dilatarse con toda su soledad
dentro de mí.
Fue una jugada turbia,
un error sin caminos.
Fue descender al núcleo fugaz de la mentira
y encontrarme, al despertar, rodando en el vacío
bajo una sábana de espanto.
Fue lavarle la boca a un niño
con un puño de brasas
por llamar natural lo prohibido;
por arrastrar con cara de mujer madura,
ese carro de sol inútil: la inocencia.
Fue arrancarte las uñas de raíz,
arrastrarte,
meterte en la oquedad de la miseria, a bofetadas,
por el ojo hecho llama sombría, del demonio.

1975

Hambre de ser

Para Jerónimo y Beti Gómez Robleda

Busco un hombre y no sé si sea para amarlo,
o para quebrarlo con mi angustia.
tengo hambre de ser
y me siento frente a la ventana
a masticar estrellas
para que este dolor de estómago sea cierto.
La verdad es que duele en los nervios
todo el cuerpo, esta noche, hasta los tuétanos.

En la casa contigua
grita una mujer las glorias de la Biblia
y no conoce a Dios.
Su voz huele a vinagre, aceite de ricino,
y Dios no huele a eso,
entre mil olores reconocería el suyo.
Algo que no digiero me ha hecho daño esta tarde.
He visto a otros más humildes que yo,
no quiero reconocerme en ellos.
De tanto huir se me han caído las palabras
hasta el fondo del miedo;
no salen, rebotan dentro como canicas, suenan sordas.
Sin querer, me doy cuenta que he quedado en la ruina,
me falta lo mejor antes de irme, El Amor.
Y es tarde para alcanzarlo,
y me resulta falso decir,
Señor, apóyame en tu corazón,
que tengo ganas de morir madura.

Nadie madura sin el fruto,
el fruto es lo vivido y no lo tengo,
lo busco ya tarde,
entre la soledad ruidosa de las gentes,
o en el amor que intento, y doy, y espero,
y que no llega.

1967

Desastre

Para Alfonso Garibay Fernández

Asisto a la hora del desastre.
¡Qué sed mortal de Dios
se desamarra en mí,
flagela,
me coge contra las puertas del mundo
hasta hacerme saltar la entraña!

El jinete radiante,
cabalgando en el sueño, se despuebla.

Estoy de pie,
frente a un mar oscuro
que rompe y nos salpica de sal...
La nuez del mundo se parte
y hasta la punta
de las espigas enrojece.
Por millones muere el hombre...
Archiva esta noticia,
Señor,
algún día sabrás
que hemos venido a rastras,
hechos trizas, los pescadores de noticias;
colgando de tu oído,
enredados de estrellas,
llamando a golpes mientras la ola de sangre
nos cubre
y a bocanadas la bebemos.

En medio de la noche cuánto quema tu silencio.
La lágrima es la llave de tu puerta
y el mundo, como una uva inmensa
que ha llorado a raudales,
oscila ciega
sin atinar la cerradura.
Yo nada juego aquí, soy un simple gemido
que camina con el alma enarcada;
un puñado de voz que se amontona
al borde de esa luz profunda y escondida
al fondo de tu oído.
Sólo el dolor en vilo
por todos los que lloran en cualquier parte del mundo
errabundo jinete, a tientas, con una sed de ti...

1968

Enrique Lihn

Chile (1929-1989)

Que los muertos entierren
a sus muertos

Que los muertos entierren a sus muertos. Ya no reza así
el imperativo evangélico
Fue así cuando en vísperas de la Redención
Parecía aconsejable ese operativo tradicional
Si se trata de una metáfora, desechémosla junto a otras
confusiones
La Iglesia no puede delegar en los sepultureros del más
allá
la responsabilidad de enumerar e identificar a los
cadáveres
Cristo ha incorporado al peso de la cruz su
frecuentación de la Morgue
Puede esperar la resurrección de la carne, ahora se trata
de su exhumación
Cristo de Auschwitz y de Büchenwald se interpone
entre los caporales y la fosa común
Arrastran cuerpos desclavados a prisa que Él se esmera
en reconocer
Golpea una y otra vez a las puertas del laboratorio
médico-legal
Toma nota de los estigmas, moviliza a sus abogados
Ángeles ya no discípulos, abogados con sus maletines de
mano
Y anteojos cromáticos para no ser reconocidos en las
calles por los entusiastas del Gólgota.

La lengua de fuego —señal del espíritu— humea
nadie habla lenguas con la imprudencia de los apóstoles

El evangelio tiene una prehistoria que contar
Porque el alma no es ahora inmortal
Remite a una época respetuosa de la integridad de los
cuerpos
Anterior a la creencia en la inmortalidad de las almas
A una época como ésta cuando costaba velar por la
seguridad de los cadáveres
Por la integridad de los muertos.

Julia Esquivel

Guatemala (1930)

Eucaristía

Te vaciaste todo
sin retener nada para Ti.

Ya desnudo, total despojo,
te nos das hecho pan
que sostiene
y vino que reconforta.

Eres Luz y Verdad
Camino y Esperanza

Eres Amor

Crece en nosotros, Señor!

Su bandera sobre mí es amor

Cantar de los Cantares 2.4

Quiero ser tu pañuelo, Señor,
limpio, suave, pulcro, fuerte,
listo siempre
entre tus manos que sanan.

Puedes usarme como quieras,
convertirme en compresa
para detener la hemorragia
en la frente del borrachito
que se cayó en la esquina
y que se cortó la ceja
con un vidrio de botella.

Si tú lo quieres, con tu pañuelo
seca las lágrimas de Meme,
el niño callejero, vendedor de periódicos
a quien le arrebataron
todo su dinerito
ganado durante el día.

Pañuelo tuyo,
podrías estirarme
hasta convertirme en cabestrillo
y sostener el brazo quebrado
de la Tencha, cargadora de canastos
en la Terminal, que se resbaló
en una cáscara de mango.

Si me necesitas,
podría recibir el esputo
del viejo Andrés, tuberculoso,
que a veces, cuando le alcanza,
come papas asadas
en el rescoldo del fuego
de la noche anterior…

Podría quizás,
en la boca de Jacinta,
la parturienta,
soportar su mordida
entre sus dientes apretados,
cuando puja encuclillada
en el monte
luchando por dar la vida
sin ayuda de su marido
ni de la partera
y menos aún de médico…

Yo, pañuelo tuyo,
deseo con toda mi alma
estar lista siempre
entre tus manos
para cualquier emergencia,
en el pecho, o en los ojos,
en la nariz o en los pies
de mis hermanos, tus pequeñitos…

Y si necesitaras
rasgarme un día
para vendar la cabeza

del soldado
o del combatiente herido,
para fajar una hernia
o para atar un ombligo,
aquí estoy Señor,
bandera de amor entre tus manos…

Y si te crucifican otra vez
y necesitaras mortaja,
puedes convertirme en sudario…
o en la bandera blanca de tu resurrección.

Pentecostés

Pan para el hambre recóndita,
oasis en el desierto,
respuesta última a la pregunta
escondida en lo profundo del ser

Reposo,
sosiego,
rocío cristalino
arco iris perfecto
cristal purísimo
bálsamo sanador,
enséñame cada día
el camino
a la fuerza fecundadora de la debilidad,
Sol que convierte la noche en día
estrella rutilante en la noche oscura,
eres Quien era, que es y que será.
Y que tomando de nuestro propio barro
acampa en nosotras
Tu entrega total
alimenta y sacia
esa hambre, esa sed
que somos y que nos hace bramar
por Ti como la cierva brama
por las corrientes de las aguas

Juan
Gelman

Argentina (1930)

Juan Gelman

Oración de un desocupado

Padre,
        desde los cielos bájate, he olvidado

las oraciones que me enseñó la abuela,
pobrecita, ella reposa ahora,
no tiene que lavar, limpiar, no tiene
que preocuparse andando el día por la ropa,
no tiene que velar la noche, pena y pena,
rezar, pedirte cosas, rezongarte dulcemente.
Desde los cielos bájate, si estás, bájate entonces,
que me muero de hambre en esta esquina,
que no sé de qué sirve haber nacido,
que me miro las manos rechazadas,
que no hay trabajo, no hay,
                        bájate un poco, contempla
esto que soy, este zapato roto,
esta angustia, este estómago vacío,
esta ciudad sin pan para mis dientes, la fiebre
cavándome la carne,
                    este dormir así,
bajo la lluvia, castigado por el frío, perseguido,
te digo, que no entiendo, Padre, bájate,
tócame el alma, mírame
el corazón,
yo no robé, no asesiné, fui niño
y en cambio me golpean y golpean,
te digo que no entiendo, Padre, bájate,
si estás, que busco
resignación en mí y no tengo y voy

a agarrarme la rabia y a afilarla
para pegar y voy
a gritar a sangre en cuello
porque no puedo más, tengo riñones
y soy un hombre,
                    bájate, ¿qué han hecho
de tu criatura, Padre?
                            ¿Un animal furioso
que mastica la piedra de la calle?

Se dice

así como hombres y mujeres/ en su infinita bondad/
creen en Dios/ es posible que Dios/
en su infinita bondad/ crea en hombres y mujeres/
crea en mí/ ahora mismo/ que tengo el corazón violeta
de tristeza/

siempre me pareció que Dios bailaba el tango como los
dioses/
(en el club atlanta de mi querida ciudad)/
en el salón argentina encantaba a las viejitas
que iban allí las noches de semana

a ver si conseguían un poquito de amor/
aunque fuera de segunda mano
y no tuviera caricias flamantes/
era de ver a Dios alucinándolas con su cariño/

esas mujeres flotaban en el aire/
daban vueltas alrededor del mundo como pajaritos al sol/
se les caían sábanas blanquísimas
como Dios mesmo/ pobrecito/

recuerdo cuando lo echaron de europa por la cuestión
del pasaporte/
o porque Dios era argentino y disgustaba a la junta
militar/
le revisaron el doble fondo del candor/
querían ver si estaba haciendo un transporte de amores
de izquierda

o sueños clandestinos/ porque Dios es así/
su belleza parece una conspiración/
se parece a cualquier hombre o mujer/
la belleza de cualquier hombre o mujer es una
conspiración/

decime una cosa/ Dios/
vos que pasaste las aduanas de orly/
¿cómo son las aduanas del cielo?/
¿nos van a dejar pasar a todos

para que podamos reunirnos de una vez?
/¿tus aduaneros nos dejarán pasar?/
se dice que sos bueno/
como nosotros somos buenos con vos/

yo sé que te pasás la vida
hablando de la negra/
era bellísima y los dos la quisimos/
le tocabas los pechos para sentir el mundo/

tal vez esto no tenga remedio/
pero vos/ que sos Dios/ aguantame la almita/
esta noche que nos duelen los daños/
debajo de tu infinita bondad/

Raúl Macín

México (1930-2005)

Deuteronomio

Y todo se puede resumir
en una sola palabra y sola
acción:
servir.

Yo soy el que soy
dijo el Señor.
Nosotros somos los que somos
respondió la gente
y así
en la conjugación del verbo ser
se empezó a escribir la historia.

PARA HABLAR CON ÉL
hay que aprender
del silencio
de las palabras no pronunciadas
ni siquiera pensadas
porque son parte nuestra
y son
las que él quiere
que aprendamos a decir.

*

Para hablar con Él
Tú y yo
solos
con la verdad del amor.

*

No
hoy no
porque hoy
a solas
estoy conversando con Él.

*

La vida
es
hoy y siempre
un diálogo constante
con Él.

*

Te busqué
sin creer
que te encontraría.
Te encontré
cuando menos
creí encontrarte.
Tal vez
y sólo tal vez
en esto consiste la fe.

María Elena Walsh

Argentina (1930)

Canción

Alma sin el amor, ave dejada
en los terrenos de la maravilla:
cuando no haya más hojas
y se acaben los días
yo seguiré buscando
tu luz recién nacida
—alma sobre rebaños levantada—
para hacer las mañanas de mi vida.

El enlutado mundo que habitaba
ahora es cielo que mi frente pisa.
(Si se apagaron todas
las uvas de la viña
o se muriera el pan
en las espigas,
este incendio frutal de mi esperanza
en otra tierra se levantaría.)

Tu mano era mi mano desde siempre,
tu voz, mi voz, y yo no lo sabía.
Anduve con tu sombra
al lado de la mía
por mortales caminos y celestes orillas.
Eras un sueño en busca de mi frente
para nacer, y yo no lo sabía.

Ya mis ojos usaron la belleza
y fueron en sedienta cacería
—con su lastimadura

de límites y aristas—
al pámpano desnudo
y a la rosa vestida,
buscándote desde los miradores
con el Amor-Que-Todo-Lo-Imagina.

Cuando tú fuiste la increíble imagen
yo era la sed y el vaso y la bebida.
Las puertas y los frascos,
cubiertos de ceniza,
guardaban el perfume
de la melancolía,
mientras los palomares te esperaban
con el Amor-Que-Nada-Se-Imagina.

Aunque tu providencia me negara
el alimento para la alegría,
aunque me entristecieras
la intemperie divina
con pájaros callados
y sombras pensativas,
aunque olvidaras, aunque no existieras,
mi corazón igual te cantaría.

La comunión de los vivos

I

Tu soledad en un lugar del mundo
crece y padece al lado de la mía
porque Dios nos recuerda. Qué profundo
milagro el de la amante simpatía.

Pues si nos olvidara, en un segundo
toda la eternidad separaría
tu compasión, en la que me confundo,
de mi ser, que en tus venas se vacía.

Estamos vivos porque Dios no olvida,
juntos en su memoria, y es por eso
que, nuestra comunión eternizando,

a cada instante nos da nueva vida
y el alma cumple su fatal progreso:
nacer, amar, morir, seguir amando.

II

De dónde, de qué luz, de qué inocencia
magnánima este rayo me ha venido
restituyendo a mi fervor rendido
el uso de la sal de la violencia.

Y quién, con amorosa inteligencia,
de lejos, por tu amor, me ha persuadido,
devolviendo a mi ser enfurecido
el uso de la sal de la paciencia.

La deuda misteriosa de tus dones
tengo con alguien que te amaba tanto
que por darme a tu vida hubiese muerto.

Me llevaron a Ti sus intenciones,
quemó mi desesperación su santo
temor de lo terriblemente cierto.

III
Mis lágrimas amaron la madera,
tu confortante olor a cruz, Dios mío.
Alguien y yo somos un mismo río
corriendo hacia tu sed que nos espera.

Mis huesos veneraron el rocío,
tu misericordiosa primavera.
Alguien y yo somos la misma cera
que Tú desciendes a librar del frío.

Alguien es condición de mi amargura,
sustancia de mi júbilo. Reparte
así la compasión que de Ti fluye.

Y yo te amo en esa criatura
ignorada, que sólo por amarte
sirve a mi soledad y la destruye.

Marco Antonio Montes de Oca

México (1932)

Vieja alianza (fragmento)

III

Dios que estás en el sol únicamente,
que prendes en el vasto cojinete planetario
las verdes agujas de la yerba; Tú, el más bueno,
claro torbellino que abres la puerta a la bailarina de alas
rotas:
levanta a mis hermanos que tendidos en hileras
trepidan como durmientes de vía bajo el óseo convoy de
la muerte.
Ven Tú en persona y cuelga del naranjo redondos faro-
les amarillos,
ilumina con tu sombra la tierra toda,
vuélvela pronto un astro de anís.
¡Amigos, si supiérais lo que la vida os quiere todavía!

Ella os embarca en seductoras barquillas de helio
para que veáis más de cerca cómo reina el sol
y cómo se ajusta su corona de planetas.
Os da la flor de nochebuena que toma con sus sangran-
tes dedos
los frutos que nadie alcanza,
se desliza con el rocío por la delicada rampa de las
cabelleras,
os regala centellas sumergidas como anguilas de oro en
los acuarios.
Por ella, los ancianos escuchan un recuerdo que les
endereza el torso.
Los niños nada oyen, están felices:
lo que su corazón no sienta crecer,
no crecerá ni un solo palmo.

Esconderse de Dios

Una puerta en el cielo
Para huir de Dios.
Un largo túnel de topo
Para huir de Dios;
Pero quizá no sirvan de nada
Previsiones tan ruidosas,
Si en esta casa de espejos
 Que todo lo ocupa
No hay pira ni espacio
Donde quemar todas mis huellas.

Dios nace entre diluvios

La mañana cuelga en el cuello de Dios.
Le veo acorralado, con ganas de arrancarla de sí.
Yo pregunto, le pregunto a él ¿Es el universo una coraza?
¿Acaso es un espejo pequeño donde él mismo se contempla?
Su reflejo más bien. La grama en que se tiende el paraíso.

Embrollado en su enjambre de palpitaciones,
El recuerdo extiende su imagen de otros universos.
Dios está encadenado a su propia sucesión.
A veces lo imagino preso en su gloria,
Con la idea de que nadie conoce la fuente de la luz.

¿Será ésta la crucifixión mayor? No sé.
Sus venas conducen música.
Pienso en las generaciones que animaría
Sólo con izar estrellas de polvo.
Sin embargo él nace a diario entre diluvios.
A diario nace en la infancia de la promesa.

No, no creo en un Dios doliente. No requiere de nuestro consuelo.
Ni plegaria alguna. Ni genuflexiones de su corte angélica.
El vacío reconoce en él su derrota eterna.

Rubem Alves

Brasil (1933)

Silencio

...conocimiento del habla mas no del silencio,
conocimiento de las palabras e ignorancia de la Palabra...
T.S. ELIOT

Una burbuja sube desde el fondo del mar...
Una palabra sube desde las profundidades de
nuestro silencio
inesperada,
impensada,
emisaria de un mundo olvidado,
perdido:
suspiro,
nuestro misterio,
nuestra verdad,
oración.

Hay palabras que decimos porque nos acordamos de
ellas.
Poseídas, guardadas, permanecen allá, a la espera,
y vienen, obedientes, como animales
domésticos...

Pero hay palabras que no decimos: ellas se dicen,
a pesar de estar olvidadas.
No son nuestras:
viven en nosotros, sin permiso, intrusas
y no le hacen caso a nuestra voz.
Son como el Viento,
que sopla por donde quiere

y no sabemos ni cómo vino ni hacia dónde va.
Sólo escuchamos el soplo.
Nos decimos: sólo escuchamos.
Así son las palabras de la oración, olvidadas:
ellas se dicen.
Surge así la sorpresa de que un pájaro salvaje como ése
more en nosotros sin que lo sepamos.

La palabra que dice nuestra verdad no habita en nuestro
saber.
Fue expulsada de la morada de los pensamientos.
Su apariencia era extraña, daba miedo.
Ahora habita en poros,
pero en el fondo:
lejos de lo que sabemos,
allí, donde no pensamos,
al abrigo de la luz diurna,
en el lugar de los sueños,
suspiros sin palabras.

Ellas son tímidas.
No se mezclan.
Hablan una lengua extraña:
Babel,
que no entendemos,
y hablan del aire frío de las montañas
y de la oscuridad de los abismos.
Pero somos habitantes de las planicies
donde todos hablan para no escuchar...

Tenemos miedo de las palabras que viven en las
burbujas submarinas.

Por eso hablamos.
Matracas: hierro en la madera;
crac/crac/crac/crac/crac,
palabras
contra la
Palabra.
Horror al silencio: en él habitan las palabras de que
huimos:
Suben desde el fondo del mar cuando se saben solas...

Enséñanos a orar porque ya no sabemos...

Cuando ores
no seas como los artistas de palco:
hablan palabras que no son suyas, son de otros,
decoradas,
y sus rostros no son rostros,
son máscaras.
No quieren escuchar sus propias palabras
(porque están huecos, no las tienen...).
Sus oídos sólo escuchan los aplausos:
son moscas, prisioneros de telas ajenas...

Entra en el silencio,
lejos de los demás
y escucha las palabras que se dirán
después de una larga espera...
¿Tendrías el valor de exhibir tu desnudez frente a los
extraños?
Se reirán de ti...
¿Cómo, entonces, podrías orar delante de ellos?
Oración, desnudez total,

palabra que sube desde el fondo oscuro
y revela...

En presencia de Dios...
Sólo él tiene ojos lo bastante mansos para
contemplar nuestra desnudez y luego decir:
"Qué bueno que existes..."
Ni siquiera nosotros...

Entra en el silencio
lejos de las muchas palabras
y escucha la única Palabra
que subirá desde el fondo del mar.
Una Palabra única y más poderosa que muchas:
la pureza de corazón es desear una sola cosa...
Una Palabra única:
aquella que dirías
si fuese la última por decir.
Basta con escuchar una vez y, entonces,
el silencio...
Como Venus, brillante,
en la inmensidad azul del sol poniente...
Antes que tú la escuches,
su suspiro ya reverberaba por la eternidad...
Mientras ella habitaba en tu olvido,
Dios ya la escuchaba
y temía...

Hace silencio...
Escucha...

Versión de L. Cervantes-Ortiz

Héctor Viel Temperley

Argentina (1933-1987)

Hospital Británico (fragmentos)

Tu Rostro

Tu Rostro como sangre muy oscura en un plato de tropa, entre cocinas frías y bajo un sol de nieve; Tu Rostro como una conversación entre colmenas con vértigo en la llanura del verano; Tu Rostro como sombra verde y negra con balidos muy cerca de mi aliento y mi revólver; Tu Rostro como sombra verde y negra que desciende al galope, cada tarde, desde una pampa a dos mil metros sobre el nivel del mar; Tu Rostro como arroyos de violetas cayendo lentamente desde gallos de riña; Tu Rostro como arroyos de violetas que empapan de vitrales a un hospital sobre un barranco.
1985

Tu Cuerpo y Tu Padre

Tu Cuerpo como un barranco, y el amor de Tu Padre como duras mazorcas de tristeza en Tus axilas casi desgarradas.
1985

Tengo la cabeza vendada (texto profético lejano)

Mi cabeza para nacer cruza el fuego del mundo pero con una serpentina de agua helada en la memoria. Y le pido socorro.
1978

Tengo la cabeza vendada

Mariposa de Dios, pubis de María: Atraviesa la sangre de mi frente —hasta besarme el Rostro en Jesucristo.
1982

Tengo la cabeza vendada (textos proféticos)
Mi cuerpo—con aves como bisturíes en la frente— entra
en mi alma.
1984

El sol, en mi cabeza, como toda la sangre de Cristo sobre
una pared de anestesia total.
1984

Santa Reina de los misterios del rosario del hacha y de
las brazadas lejos del espigón: Ruega por mí que estoy en
una zona donde nunca había anclado con maniobras de
Cristo mi cabeza.
1985

Señor: desde este instante mi cabeza quiere ser, por los
siglos de los siglos, la herida de Tu Mano bendiciéndome
en fuego.
1984

El sol como la blanca velocidad de Dios en mi cabeza,
que la aspira y desgarra hacia la nuca.
1984

Tengo la cabeza vendada (texto del hombre en la playa)
El sol entra con mi alma en mi cabeza (o mi cuerpo
—con la Resurrección— entra en mi alma).
1984

Tengo la cabeza vendada (texto del hombre en la playa)
Por culpa del viento de fuego que penetra en su herida, en este instante, Tu Mano traza un ancla y no una cruz en mi cabeza.

    Quiero beber hacia mi nuca, eternamente, los dos brazos del ancla del temblor de Tu Carne y de la prisa de los Cielos.

1984

Tengo la cabeza vendada (texto del hombre en la playa)
Allá atrás, en mi nuca, vi al blanquísimo desierto de esta vida de mi vida; vi a mi eternidad, que debo atravesar desde los ojos del Señor hasta los ojos del Señor.
1984

Me han sacado del mundo
Soy el lugar donde el Señor tiende la Luz que Él es.

Me han sacado del mundo
Me cubre una armadura de mariposas y estoy en la camisa de mariposas que es el Señor —adentro, en mí.
El Reino de los Cielos me rodea. El Reino de los Cielos es el Cuerpo de Cristo —y cada mediodía toco a Cristo.

Cristo es Cristo madre, y en Él viene mi madre a visitarme.

Gabriel Zaid

México (1934)

Gabriel Zaid

Luz inasible [Desfiladero]

La majestad de ser abre el vuelo en tus alas,
altiva luz del mundo, alta gloria cimera.
Abres, porque te place, el mediodía.
¡Infausta hora la que dejes olvidada!
Pues tú, Dios displicente, no estás hecho para el
hombre.
Igual cierras el mundo que dejas ver su hermosura.
Has enviado el soslayo, calamidad universal
que nos impide ser ¡y todavía te escondes!
Vuelas a tu albedrío, no hay quien te tenga en un puño.
¿Nos vas llamando, acaso, para mejor estrellarnos?
Guárdame Dios de ti, que yo de mis quimeras.
Agua mansa, buen Dios en jaula, ¡mal te conoce quien
te compra!

El lugar del encuentro

Fuese un hombre a buscar la luz para sus semejantes, y tras años de angustia, soledad y tinieblas, alcanzó un resplandor que lo llamaba, que entendió ser de Dios, y que le dijo: Vuélvete con los tuyos, donde hallarás la luz de verse siendo otros, y por lo mismo únicos, y por lo mismo semejantes, en la comunidad abierta al encontrarse, unos a otros y todos a sí mismos.

Lloró tan amargamente de alegría, corriendo y tropezando, cayendo y levantándose para correr de nuevo, sin parar, tan sin parar, que llegó a los suburbios de la ciudad exánime. Allí nunca se supo bien quién era, ni de dónde venía, ni qué lo había llevado, ni cómo había muerto.

Fernando Cazón Vera

Ecuador (1935)

La oración

Y dijeron entonces:
"Acaso hay que buscar un Dios posible y no un Dios
inaudito",
un dios cuya palabra se escriba con minúscula, como se
escribe padre, cielo, papel, aire, risa, alegría,
un dios que camine en medio de nosotros, nos
acompañe a la faena diaria y nos mire hacia el alma sin
ninguna amenaza;
un dios que sepa a pan, que venga de agua, que se
suponga siempre solidario;
que no provoque sangre ni tormentos, ni miedos, ni
matanzas,
como terribles advertencias,
que no se haga buscar en lo más hondo de los oscuros
pensamientos,
que no se esconda en un indescifrable verbo, tejido
como una gran maraña, adonde pocos hombres se
deciden,
que no nos pida un diente doloroso, un sudor estafado,
un agradecimiento a su impalpable sombra,
ni nos imponga humillantes posturas frente a las
imágenes llenas de silencio,
ni nos reclame una expiación, ni un lamento, ni un
mecánico rezo,
un dios simple y amable a quien se pueda decir
camarada, amigo, compañero,
un dios para ser escrito en la tierra, con las manos sucias
de los labriegos y los enterradores
para ser presentido en el olor sencillo de la corteza

húmeda, de las flores que aún no fueron cortadas,
que nos proteja en el laberinto de las grandes ciudades,
un dios de sangre adentro,
un dios sin sacrificios, sin rostros esculpidos, con
terrible paciencia, en paredes suntuosas y sagradas,
un dios que no envejezca en su infancia a los niños, que
no los mate ni los viole,
ni los deje con las manos vacías
para obligarlos a tomar conciencia del más alto milagro,
un dios que no permita que vivamos con miedo,
ésa fue la oración de muchos días,
La que escondieron en sus pechos
para no pecar de incrédulos.
La que callaron en los grandes suplicios para
no ser ofendidos nuevamente.
La que dijeron bajo el frío,
en el sol implacable
que obscurece la fatigada piel,
sobre el mar generoso de peces,
junto al sepulcro de los olvidados.
Ésa fue la oración que se abrió entre el incienso y el
azufre.

Roque Dalton

El Salvador (1935-1975)

La cruz

¿De quién es ese extraño Dios?
¿Ése que ahora véndennos
rigurosamente medido?

¿Por qué desde su dura cruz
dicen que exige nuestro odio?
¿Por qué a su cielo único y solitario
no pueden subir nuestras bellas serpientes de colores
nuestros jóvenes hijos embriagados
en la celebración de sus bodas secretas?

Ya con el látigo bastaba
ya con el hambre el nudo que nos rompe
la furia del mosquete
ya con la vehemencia de la espada
buscándonos la raíz del aliento.

Pero tenían que llegar hasta el altar de piedra
pisar el rostro de la fe que juramos
al bosque en la primera lluvia de nuestra juventud.

Pero tenían que vencer a nuestros dulces dioses
escupirlos vejarlos
hundirlos en el lodo de la vergüenza
abrir la desnudez de hierba y agua
de su infancia inmortal
a nuestros ojos torpes ya iniciados
por las brillantes baratijas
en la codicia ingenua del asombro.

Megalomanía

Federico II con todo y ser emperador de los altivos
alemanes
fue excomulgado por el Papa de entonces:
es que hizo obligatorio el estudio de la medicina a los
médicos
antes de que cobrasen por recetar infusiones
o extirpar carne de la carne del hombre.

A Miguel Servet lo excomulgaron poco antes
de hacerlo coincidir con la ceniza:
dicen que para apresurar las condiciones
de seguir discutiendo las intrépidas ciencias en la
cómoda eternidad.

Martín Lutero creyó que Dios Padre sufría del hígado
divino
viendo por entre las nubes cómo los curas gordos
correteaban
por los barrios de las ciudades en provechosa venta
de indulgencias pagadas al contado.
Excomulgado fue por defender el hígado de Dios.

Acciones tan maravillosas tendría yo que hacer
—flaco, débil, el ojo taciturno, el aspecto abolido—
para que también me excomulgasen
dejando a salvo mi honrada vanidad para siempre.

Osvaldo Pol

Argentina (1935)

Desolación

Llamo desolación todo el contrario
de la tercera Regla...
SAN IGNACIO,
(*Ejercicios espirituales*)

Tu silencio, Señor, sabe a tormento
que prolonga los bordes de la herida.
Hay una noche-noche renegrida
donde todo es ausencia y descontento.
Vaga sin rumbo el alma y su lamento
ciega los pasos hacia la salida.
La sed es honda y honda la dolida
vaciedad sin consuelo ni alimento.
Las manos torpes pierden ya lo asido.
La memoria no atisba en el pasado
y hacia adelante todo es sin sentido.
¿Hasta cuándo, Señor, seré humillado
en esta oscuridad donde resido?
Soy hermano de Job, crucificado.

Osadía

Afila sus lisuras la palabra
cuando anuncia tu Nombre.
Y se desgajan las escorias
que el tiempo acumula
en el desmoronamiento de la súplica.
La memoria
resume las instancias
del viaje
y se arrebuja en salto
hacia la radical novedad
que te antecede.
Todo a tus pies
entonces
recupera sus contornos.
Todo lo que no ha muerto
de osadía.

El perdonado

Ser en tu presencia
es elegirme desde la vertiente
en la que el ser inaugura alteridades
que me niegan condescendiente y frágil.
Diluirme en el vértigo de la libertad
para volver a ser, bautizado de misericordia,
el llamado a la vida,
el perdonado,
el que puede volver a intentar
iniciar los caminos
que tan sólo en tu presencia
se destraban.

Adélia Prado

Brasil (1935)

Guía

La poesía me salvará.
Hablo constreñida, porque sólo Jesucristo
es el Salvador, según escribió
un hombre —sin coacción alguna—
atrás de un crucifijo que traje de recuerdo
de Congonhas do Campo.
Mientras, me repito, la poesía me salvará.
Por ella entiendo la pasión
que Él tuvo por nosotros, muriendo en la cruz.
Ella me salvará, porque el violeta
de las flores inclinado en la cerca
perdona a la muchacha por su cuerpo feo.
En ella, la Virgen María y los santos aceptan
mi manera apócrifa de entender la palabra
por su reverso, captar el mensaje
por el heraldo, según sean sus manos y ojos.
Ella me salvará. No hablo a los cuatro vientos,
porque temo a los doctores, la excomunión
y el escándalo de los débiles. A Dios no temo:
¿Qué otra cosa es ella si no Su Rostro alcanzado
por la brutalidad de las cosas?

El reino del cielo

Después de la muerte
yo quiero todo lo que su vacuo abrupto
dejó en mi alma.
Quiero los contornos
de esta materia inmóvil del recuerdo,
desencantados de este espacio rígido.
Como antes, el modo propio
de jalar la camisa por la manga
y limpiar la nariz.
La camisa engrosada de limadura de fierro más
el sudor, los dos olores impregnados,
la camisa personalísima atrás de la puerta.
Yo quiero después, cuando viva de nuevo,
la resurrección y la vida escamoteando
el tiempo dividido, el tiempo entero.
Sin acabar nunca más, la mano sobando la rodilla,
la uña en la navaja —la cosa más viril que conocí.
Voy a querer el plato y el hambre,
un día sin bañarme,
la corbata para el domingo en la mañana,
la homilía repetida antes de almorzar:
"como dice el Evangelio, hijos míos, si
tenemos fe, la montaña se cambiará de lugar".
Cuando resucite, lo que quiero es
la vida repetida sin peligro de muerte,
los riesgos todos, la garantía:
en la noche estaremos juntos, la camisa en el portal.
Descansaremos porque la sirena suena
y tenemos que trabajar, comer, casar,
pasar dificultades, con el temor de Dios,
para ganar el cielo.

El hombre humano

Si no fuera por la esperanza de que me esperas con la
mesa puesta,
no sé que sería de mí.
Sin Tu Nombre
la claridad del mundo no me acoge,
es cruel luz quemante sobre todos.
Yo necesito por detrás del sol
del calor que no se pone y ha engendrado mis sueños,
en la noche más cerrada, lámparas fulgurantes.
Porque permaneces encima y abajo y alrededor de lo
que existe,
yo descanso mi rostro en esta arena
contemplando las hormigas, envejeciendo en paz
como envejece lo que tiene un amoroso dueño.
El mar sería tan pequeñito ante lo que lloraría
si no fueras mi Padre.
Oh Dios, aun así no es sin temor que te amo,
ni sin miedo.

Derechos humanos

Sé que Dios mora en mí
como en su mejor casa.
Soy su paisaje,
su retorta alquímica
y los dos ojos
de su alegría.
Pero esta letra es mía.

Versiones de L. Cervantes-Ortiz

José Miguel Ibáñez Langlois

Chile (1936)

Miércoles de ceniza (fragmento)

III

Yo nunca he visto a Dios, pero recuerdo
su paso en la memoria de mis padres,
tinieblas de este mundo,
la voz del hijo muerto a mediodía
y a la luz del relámpago una herencia
de cielos increíbles.

Yo nunca he visto a Dios, pero sus ojos
son la tierra nocturna que levanta
mis imágenes ciegas.
En sus ojos mi infancia dura inmóvil,
en sus ojos hoy guardo las mañanas
más puras, y la muerte.

Y el espejo divino y esa imagen
de la noche vacía en torno al sol,
y el ojo que me mira
semejante a la nada entre los árboles.
Yo nunca he visto a Dios, pero me duermo
en su abierto sepulcro.

Las piedras quieren verlo.
Por eso han caminado tantos siglos
y en la noche
se levantan y tañen sus laúdes.

Las selvas quieren verlo.
Por eso abren el libro sigiloso

donde muere
un rey en la tiniebla a cada página.

Las bestias quieren verlo.
Por eso iluminadas tras la cópula
en el bosque
junto al fuego se tornan invisibles.

Los hombres quieren verlo.
Por esto hacen imágenes de sangre
que en el polvo
canten himnos nupciales a la vida.

Los ángeles lo ven.
Por eso están uncidos en el carro
que tira de la tarde hacia la gloria
de totales tinieblas.

José Miguel Ibáñez Langlois

Credo

Creo en la Iglesia Católica, Apostólica y Romana
a pesar de la estolidez de casi todos sus fieles
incluyendo la del suscrito, modestia aparte.
La revolución rusa no vale un ápice más que los rusos
o aun que los revolucionarios de todo el mundo unidos.
La Francia no vale una brizna más que los franceses.
La sociedad protectora de animales, etcétera.
Pero la Iglesia está muy por encima de su personal
terrestre.
Para Ella no tiene una importancia definitiva
que sólo uno o dos santos ocultos en las fábricas o en
los bosques
la sustenten en esta hora perdida entre los siglos.
Ella se compone asimismo de todos los fieles difuntos
y de todos sus hijos no venidos aún a esta tierra
y en cierto modo de toda la humanidad histórica
desde el paraíso hasta la consumación de los tiempos.
Ella se compone sobre todo de los santos
¿quién tiene santos sino la Iglesia Católica Romana?
Ella se compone de sus ramas purgante y triunfante
que envuelven a la tierra en un halo de luz casi invisible.
Ella se compone de miríadas y miríadas de ángeles
que cantan la gloria del Señor de los ejércitos
y se ordenan en legiones de arcángeles, querubines,
serafines,
potestades, tronos, dominaciones, ángeles de la guarda.
Ella se compone muy esencialmente de la Virgen María
cuya santidad y belleza indescriptible nos compensa bien
del dolor temporal o eterno de estos valles de lágrimas.

Y Ella se compone principalmente de Jesucristo
(Ella se compone solamente de todo Jesucristo)
nacido de María, del linaje de David según la carne,
que por nosotros padeció y resucitó al tercer día,
consubstancial al Padre, imagen perfecta de su
esplendor,
engendrado por Él antes del alba de los mundos,
que vive en una luz inaccesible más allá del tiempo,
que con el Padre y el Espíritu reina por los siglos.
Para estar fuera de la Iglesia Católica, ya se ve
hay que salir del mundo visible e invisible.
Es por ello que creo en la Iglesia Católica Romana
a pesar de los tumbos que viene dando por dos mil años
y de los que dará todavía (pongo a la historia por
testigo)
y a pesar de la estolidez de sus quinientos millones de
fieles
incluyendo la del suscrito, modestia aparte.

José Miguel Ibáñez Langlois

Teología de la historia

Karl Marx se encerró una noche a leer las Sagradas
Escrituras.
Lloró a lágrima viva sobre el libro del Génesis,
la creación del mundo, Yavé sobre la zarza ardiendo.
Su corazón cantó de júbilo en el arpa del rey David,
su corazón otra vez fue vencido y dispersado por tierras
de Babilonia.
Afuera pasaba el tiempo, los días de Alemania,
tempestades,
a veces su mujer y sus amigos golpeaban a la puerta
hasta cansarse,
Engels con un plato de lentejas y noticias de última hora.
Por entonces Marx reunía ya su corazón entre los muros
de Jerusalén
y cuando llegó la Pasión, Muerte y Resurrección de
N.S. Jesucristo
se apoderó de él una nostalgia tan desconocida,
un sueño tan terrible bajo los olivos del huerto sangrante
que volvió a encerrarse por cuarenta días con sus noches
provisto de tinta y unas cuantas resmas de papel borrador
y escribió como al dictado los veinte libros del célebre
"Das Kapital"
donde cuenta a su manera la historia pasada y futura del
pueblo de Dios.
A continuación salió de su retiro con una luenga
encanecida barba
y dedicó sus últimos días sobre la tierra (era ya el
invierno)
a ver pasar el mundo sin pena ni gloria (era el siglo XIX)

con una sonrisa irónica interrumpida por accesos de
ternura.
Después bajó a la tumba polvorienta de sus padres
y se reunió con su pueblo innumerable en la paz del Señor.

Horacio Peña

Nicaragua (1936)

Hay que poner a Dios de moda

I

Hay que poner a Dios de moda.
Dios, que los políticos alimentan con hiel y vinagre.
Dios, puesto al borde de la desesperación y el suicidio
por los comerciantes que lo persiguen
cobrándole el ciento por ciento.
Dios, besado en las dos mejillas.
Dios, sepultado bajo cuarenta toneladas de linotipo
por los periodistas y las agencias noticiosas.
Dios, vendido por treinta monedas,
porque ÉL es una mercancía fácil de comprar,
fácil de vender,
carne fresca para el leño,
carne mansa para el matadero.
Dios, traicionado doce veces.
Dios, piedra de escándalo de los burgueses de la religión
que se espantarían de verlo en un prostíbulo,
olvidando que ÉL no vino por los buenos, los limpios,
los castos, los mansos,
sino por los lujuriosos, los coléricos, los iracundos,
los que viven y mueren brutalmente.
Hay que poner a Dios de moda.
No como se pone de moda
una actriz de cine:
mientras conserva la solidez de sus senos,
la juventud de su desnudo.
No como se pone de moda
un jugador de base-ball:
mientras conserva la agilidad de sus piernas,

la fuerza de su brazo.
Hay que poner a Dios de moda
de una vez y para siempre.
Hay que levantar una inmensa red de propaganda
como no se ha visto desde el principio del mundo
hasta ahora, ni se verá jamás.
Una red de propaganda cuyos miembros
sean sencillos como palomas,
prudentes como serpientes.
Hay que lanzar miles de acciones a bajo precio,
para que todos formen parte de la empresa,
de la gigantesca obra de lanzar un nuevo producto al
mercado,
el producto de Dios,
producto como que nadie lo quiere, pero buscado
siempre,
producto que se imita,
que se falsifica,
que se mete de contrabando,
que se grava con impuestos,
el producto Dios,
recién acabado de salir de la moderna fábrica,
—corazón desesperado—
el novísimo producto
con etiqueta a maravillosos colores:
rojo, blanco, azul y amarillo:
DIOS.

II
Ya otros trataron de hacer esta campaña.
Pero fueron masacrados.
Se les impuso un alfabeto de silencio.

Salieron gritando en las calles:
"Dios, Dios, Dios"
como un pequeñuelo con tierra en la boca grita:
"Pan, Pan, Pan"
pero fueron masacrados.
Salieron los tanques,
y los heroicos combatientes
quedaron en las calles,
sin voz, sin cuerpo,
sin la dulce locura de la tarde.
Y luego están los muertos por la velocidad.
Los que estaban hartos de
cultura y civilización,
de patriotismo, de tradiciones,
de los grandes líderes,
de los grandes nombres,
de las señoras gordas y olorosas,
de los señores gordos y comedores de faisanes,
de los crímenes donde sólo habían víctimas,
de los organismos internacionales para la paz,
de los organismos internacionales sobre la energía
atómica,
de los organismos internacionales para la libertad,
de los organismos internacionales de la lucha contra el
hambre.
Una tarde condujeron su "Jaguar"
a cien millas por hora,
y sin querer, aunque lo buscaban
—me buscas, es que me tienes—
se encontraron con ÉL.
Y están también
los que tomaron un jueves por la mañana

sus aviones a chorro,
y se elevaron, se elevaron, se elevaron,
horadando su niñez perdida,
para ver si era posible encontrarlo,
para ver si ÉL había encontrado un lugar
donde reclinar su cabeza.
Y lo hallaron.
Y luego están todos los perseguidos,
los perseguidos en la tierra, en el aire, en el mar,
los que trataron de poner el pez
sobre la frente del hombre,
y fueron perseguidos por el hombre,
fueron cazados,
fueron apedreados,
fueron crucificados.

III
Pero a pesar de ello,
el Señor no envió sus tropas
para acabar con aquellos homicidas.
Los dejó hacer,
porque era la hora de las tinieblas.
Nadie hubiera escapado entonces de su espada…
Ningún lugar hubiera sido seguro.
Como estiércol sobre el campo
hubieran caído los cuerpos asesinos,
como la paja que disipa el viento,
como polvo que lleva el vendaval,
como hierba marchita,
como el heno que se quema sobre los apacibles campos.
Terrible hubiera sido la siega.
Pero a pesar de los gritos

pidiendo venganza:
"Castígalos, ¡oh Dios!,
desbarata sus designios;
por sus muchos crímenes recházalos,
pues contra ti son rebeldes",
el Señor los dejó hacer.
NO movió su brazo,
no hizo seña a sus ángeles.
Pero antes de sacudir sus vestidos,
el polvo de sus zapatos,
ÉL midió la altura de la sombra
sobre los cuerpos esparcidos.

IV
Pero los radios nos dan ahora
la última noticia del último minuto.
Los periódicos preparan extras
esta noticia tiene que ser explotada
astutos fotógrafos alistan sus cámaras,
hábiles reporteros escribirán el relato;
"Viernes 24 de febrero de 1961,
Cristo ha sido encontrado en la calle de la Farsa.
Desconocidos lo asaltaron,
lo llenaron de golpes,
de escupidos,
lo hirieron con hondas y grandes heridas
en sus dos manos,
en sus dos pies,
en su costado.
Lo despojaron de su manto,
lo dejaron desnudo.
Su estado es gravísimo,
agónico.

La policía califica el hecho
como: "pequeño accidente callejero,
algunos descontentos con su doctrina".
Pero ahora el Señor se ha llenado de furia,
fuego hay en sus ojos,
sangre culpable manchará sus vestidos,
ÉL mismo aniquilará a los autores
intelectuales del delito, del crimen casi perfecto.
Porque nosotros los nuevos homicidas,
hemos visto prodigios y no hemos creído,
hemos puesto la mano sobre su agujero,
y nos hemos vuelto de espalda.
Nuestros abuelos, y los abuelos de nuestros abuelos
mataron el Cordero,
y nosotros le hemos puesto precio a su carne y a su
sangre.
Por eso el Señor alista sus tropas,
sus ángeles veloces,
sus carros sembradores de muerte.
Porque su hijo Unigénito está gravísimo,
agónico.
El Inocente será vengado.
Ya no habrá piedra sobre piedra.

V
Pero todavía tenemos tiempo
para hacer una tregua,
para firmar un tratado
—porque ÉL no quiere la muerte de los homicidas,
sino que arrepintiéndose se salven—.
Pero tenemos que apresurarnos,
el día está por terminar.

Ahora no nos podemos permitir vacilaciones,
pasos atrás.
Nos hemos lavado las manos muchas veces,
hemos degollado al acusador de Pedro,
y nos hemos puesto alegremente
a echar suertes sobre la túnica,
a contar el número de los huesos.
Tenemos más de mil novecientos años
de estar edificando sobre maldad y engaño,
sobre la sangre derramada entre el templo y el altar,
sobre la muerte del Justo.
Pero esto tiene que terminar.
Hay que poner a Dios de moda,
porque ahora estamos solos,
con esta odiosa compañía de nosotros mismos,
con este engaño que se origina en el oro,
con esta espera de ser bajados al sepulcro.
Hay que poner a Dios de moda,
pero ahora no somos dignos,
de tocar su costado,
de saborear su presencia,
antes habrá que sentarnos junto
a nuestros ídolos de ceniza,
y comenzar a comer nuestra porción
de langosta y miel silvestre.

VI

Hay que poner a Dios de moda.
Tenemos que comenzar ahora mismo esta campaña.
Tenemos que pedir que el Hijo se alivie,
que sea como antes:
alto, hermoso, dulce.

Y tenemos que hacerlo ya,
porque después no habrá tiempo.
No habrá tiempo de ponernos el sombrero,
los anteojos contra el sol,
de terminar nuestro vaso de cerveza,
de discutir la película,
de poner las manos sobre los pechos de la novia
de terminar el acto con la núbil doncella.
No habrá tiempo de decir:
"Mirad al joven que nace en el sur",
O
"Te amo. El fuego de tu casa me consume".
Porque seremos sorprendidos:
con el puñal homicida,
con el brebaje a medio hacer.
Seremos sorprendidos
preparando la mirada,
la máscara,
la sonrisa.
Por eso,
mientras hay tiempo,
tenemos que comenzar a poner
en la salida de todas las carreteras,
cartelones de ocho metros por diez,
cartelones en todos los caminos,
en todos los edificios.
Tenemos que ir escribiendo los slogans,
para convertir a los tímidos, a los interesados,
a los culpables, a los que caminan en la sombra,
slogans para animar a los buenos, a los inocentes.
Slogans cortos, fáciles de aprender,
slogans que la gente silbe en las calles,

que se oigan a la salida de los cines,
de los teatros, de los estadios,
que se canten y reciten en los "surprise-party".
Slogans sencillos, sin palabras difíciles,
con direcciones claras y precisas.

VII

Los dibujantes se encargarán de los cartelones.
Pondrán a Dios de diferentes maneras,
pero ÉL será siempre el mismo.
Será solamente un ardid publicitario.
Para los místicos, para las viejecitas,
para las niñas,
Dios será puesto con todo su cuerpo atravesado de
veranos,
con su rostro largo y delgado,
bañado en su sangre y en su agua.
Y abajo,
una leyenda, un slogan:
"Tengo sed".
Para los jóvenes, para los coléricos,
para los que aman y odian furiosamente,
para los que claman venganza
por los cuerpos hallados en los ríos,
por los cuerpos colgados en las celdas,
por los cuerpos desfigurados,
para esos se cambiará el modelo,
se cambiarán los colores.
Para esos Dios será un robusto atleta,
seis pies, dos pulgadas,
ciento noventa libras
maravillosamente repartidas

470

en músculos, en bíceps.
Y debajo de este cuadro,
otro slogan, otra leyenda:
"El que a espada mata a espada morirá,
y el que a plomo mata a plomo morirá".
Y luego habrán otros slogans,
llenos de paz y de consuelo:
"Yo soy el Buen Pastor",
O
"Suave es mi yugo,
ligero el peso mío".
Combinaremos los slogans,
los tendremos de diferentes clases.
En el sur pondremos:
"Yo no he venido a traer la paz,
sino la guerra".
Y en el norte:
"Bienaventurados los pacíficos,
porque ellos serán llamados hijos de Dios".
Y luego los más audaces,
los más soñadores,
fabricarán gigantescos globos
con los materiales del amor y la mansedumbre,
y sobre estos nuevos y mansos astros
pondrán grandes rótulos
con letras fosforescentes que digan:
YO SOY EL QUE SOY,
y luego los dejarán ir suavemente,
los soltarán con amables sonrisas,
para que naden en los espacios sin límites
por los siglos de los siglos.

471

VIII
Y todos seremos accionistas
en esta nueva casa de publicidad.
En esta empresa de lanzar un nuevo producto al
mercado.
Dios será puesto en circulación
no como un vino portador de alegría pasajera,
sino como un vino que nos dará
la alegría de los litios y de las aves.
NO como una sal
que pierde con el tiempo
su sabor y su color,
sino como una sal
que conservará siempre
su blancura de nieve,
y su sabor de vida.
No como una lámpara de unos cuantos voltios
que sólo alumbra un cuarto,
una ciudad, un país,
sino como una lámpara de millones y millones de
voltios
que puesta sobre la calavera
alumbrará el mundo.
No como un cosmético que da a la muchacha
una belleza de medio día,
sino como un cosmético
que nos dará la belleza de todas las primaveras.

IX
Pero el día está por terminar.
El Señor tiene levantado su brazo.
Todas sus tropas están en orden de batalla

y nadie podrá nada contra ellas.
Por eso tenemos que apresurarnos,
tenemos que aprovechar el último minuto,
el último segundo.
Todavía hay esperanza,
tenemos el sol sobre nuestra cabeza.
Porque entonces no habrá tiempo:
no habrá tiempo de poner el nombre sobre la carta,
de tirar el cigarrillo al agua,
de contar las ganancias de la mañana.
Ahora tenemos que comenzar
a recoger la ceniza,
a medir el polvo de nuestros años,
para que el Señor no baje su brazo,
para que ÉL sea el escudo que desvíe las flechas,
nuestro tesoro que ningún asaltante de banco robará,
para que no conozcamos la muerte por agua,
sino que seamos iniciados en el misterio del fuego.
Ahora es el tiempo,
todavía podemos sentarnos a meditar
junto a nuestros ídolos de ceniza,
y comenzar a comer nuestra porción
de langosta y miel silvestre.

Febrero 1961

Alejandra Pizarnik

Argentina (1936-1972)

Alejandra Pizarnik

El despertar

a León Ostrov

Señor
la jaula se ha vuelto pájaro
y se ha volado
y mi corazón está loco
porque aúlla a la muerte
y sonríe detrás del viento
a mis delirios

Qué haré con el miedo
Qué haré con el miedo

Ya no baila la luz en mi sonrisa
ni las estaciones queman palomas en mis ideas
Mis manos se han desnudado
y se han ido donde la muerte
enseña a vivir a los muertos

Señor
el aire me castiga el ser
Detrás del aire hay monstruos
que beben de mi sangre

Es el desastre
Es la hora del vacío no vacío
Es el instante de poner cerrojo a los labios
oír a los condenados gritar
contemplar a cada uno de mis nombres
ahorcados en la nada

Señor
Tengo veinte años
También mis ojos tienen veinte años
y sin embargo no dicen nada

Señor
He consumado mi vida en un instante
La última inocencia estalló
Ahora es nunca o jamás
o simplemente fue

¿Cómo no me suicido frente a un espejo
y desaparezco para reaparecer en el mar
donde un gran barco me esperaría
con las luces encendidas?

¿Cómo no me extraigo las venas
y hago con ellas una escala
para huir al otro lado de la noche?

El principio ha dado a luz el final
Todo continuará igual
Las sonrisas gastadas
El interés interesado
Las preguntas de piedra en piedra
Las gesticulaciones que remedan amor
Todo continuará igual

Pero mis brazos insisten en abrazar al mundo
porque aún no les enseñaron
que ya es demasiado tarde

Señor
Arroja los féretros de mi sangre

Recuerdo mi niñez
cuando yo era una anciana
Las flores morían en mis manos
porque la danza salvaje de la alegría
les destruía el corazón

Recuerdo las negras mañanas de sol
cuando era niña
es decir ayer
es decir hace siglos

Señor
La jaula se ha vuelto pájaro
y ha devorado mis esperanzas

Señor
La jaula se ha vuelto pájaro
Qué haré con el miedo

Hernán
Montealegre

Chile (1937)

El silencio de Dios

Has entrado, Dios mío, en un largo silencio.
Callas por completo. Nada
en ti se mueve. Eres una enorme catedral sin música,
el oscuro fondo de las piedras, frío y enterrado.
Oh, Señor, ¿qué hacer cuando tú callas?
Aún la primavera no ha terminado de contar sus
flores y ya la lluvia las envuelve con su ropaje marchito.
¿Pero, es posible que nadie acuda a proteger las
magnolias, las amapolas,
las azucenas que se yerguen en forma de castillos
esperando algún príncipe,
o se abren, pupilas asombradas ante el vuelo de las aves?
Hay quienes en la noche olvidan las estrellas.
El desamparo es quedarse con un pasado estéril
porque entonces el futuro se vacía de esperanza.
¡Oh, noche impenetrable que pareces ser la espalda de
Dios hacia nosotros!
La más profunda tristeza es la de no haber amado lo
bastante.

La vigilia

Padre infinito, tus manos que todo lo sostienen
reposan ahora —un momento— en mi vida que no
acaba de asombrarse ante la plenitud de tu prodigio.
Yo veo tu mano y escucho su música, cierro mis ojos
y los abro dentro de tu sangre que me llama. Padre
amado,
como el más pequeño de tus hijos me acerco para
despedirme,
para decirte que estoy alegre,
que he sentido tu cariño, que ahora me voy —el más
feliz de los hombres—
a dormir en paz. Dios mío, ven y yo uniré mi sueño con
tu sueño.
Y ambos soñaremos que estamos en un reino muy
hermoso,
que tú caminas a mi lado y me tomas de la mano
y de pronto nos ponemos a correr...

Jorge Debravo

Costa Rica (1938-1967)

Consejos para Cristo al comenzar el año (fragmento)

VIII

Perdona si te doy estos consejos:
Sabes que lo hago en calidad de amigo.
Yo no quisiera que las gentes hablen
mal de ti, Cristo.
Por eso te propongo que en este año,
aún recién nacido,
vengas a visitarnos con frecuencia
y nos ayudes a buscar caminos.
Podrías darles lecciones a los curas,
recordarles lo que es el Cristianismo,
cambiarles el cerebro a algunos tipos:
A los políticos
y a algunos dictadores
presumidos.
Podrías darles consejos a los padres
y a los hijos.
También podrías traer algunos panes
para los mendigos.
En fi, ya tendrás tiempo de ir pensando
todo lo que hay que hacer en estos sitios.

Jorge Debravo

Digo

El hombre no ha nacido
para tener las manos
amarradas al poste de los rezos.
Dios no quiere rodillas humilladas
en los templos,
sino piernas de fuego galopando,
manos acariciando las entrañas del hierro,
mentes pariendo brasas,
labios haciendo besos.
Digo que yo trabajo,
vivo, pienso,
y que esto que yo hago es un buen rezo,
que a Dios le gusta mucho
y respondo por ello.
Y digo que el amor
es el mejor sacramento,
que os amo, que amo
y que no tengo sitio en el infierno.

Dios íntimo

Desde antes de la sed
y antes del silencio,
eras un humo triste
entubado en mis huesos.

Desde antes de la sed
y antes del silencio.

Hombres ciegos un día
me cerraron el viento
y me hicieron creer
que habitabas en templos,
hasta que un aire puro
me lavó los secretos
y como un mármol dulce
te divisé alma adentro.

Y fuiste de repente
de cristal, como el tiempo.

Julio
Iraheta Santos

El Salvador (1939)

El escriba

Entre ruidos y signos electrónicos
caminaste bajo el talco del tiempo.
Tu mascarilla fue teatro sin espectadores,
pusiste flores para alegrar la mesa,
pero en tu casa había muerto la historia.
Solo,
terriblemente solo
te arrastraste como un robot desorientado,
leíste con avidez los símbolos
y la computadora bestial de tus programadores
repetía: "Para la soledad motel",
"Para la angustia diez grageas".
Cansado de divagar
y de ensuciar el recuerdo de tu hembra,
mediste el triángulo de su paciencia.
Sentiste odio contra los códigos
y todos aquellos oráculos
que te envilecían el cerebro.
Harto de soledad
buscaste a Dios al final de tu imagen,
las estrellas te hablaron de un Creador
y le alabaste,
el pájaro y el alba
te devolvieron la libertad y el canto.
Bajo tus pies quedaron a mascarilla
Y los signos electrónicos.
Te convertiste en el escriba de otra historia.

¡Shalom! hermano.

Julio Iraheta Santos

El Cristo de los parques

Yo he visto a Cristo
sentado en el espaldar de los sofás
de los parques de barrio
Le he visto con el rostro entre sus manos
rodeado por la humareda de los buses
mirando pensativo a los pordioseros
de la acera de enfrente
a los limpiabotas de la esquina del mercado San Jacinto
a las vendedoras ambulantes
al desempleado disimulando su hambre
bajo la sombra de los árboles ralos
a la prostituta adolescente
que merodea por los arriates vestida
con ropa desteñida del mercado de pulgas
al retrasado mental que derrama
sus estrellas malolientes sobre su barbilla
a los alcohólicos y huelepegas andrajosos
con sus ojos rojos como semáforos abandonados
Yo le he visto y he tenido vergüenza
de pasar de largo en mi camino hacia el templo
y no sabiendo qué hacer
me he sentado a sus pies a llorar

Mi propio salmo

Yo puedo escribir mi propio salmo y alabarte Señor
Yo puedo escribir de mi camino y sacar de mis heridas
la bendición de tus ungüentos y exaltarte
porque para siempre es tu misericordia
Yo vil pecador que frenético vuelvo al vómito del
desenfreno
he hallado lazo en tu amor que me ata y me detiene
para que no me pierda en la profunda noche del mal
No es anestésica voz religiosa la que aquí proclamo
En la iglesia no hay lugar para los malos
sólo para gente honorable Ahí no caben mis huesos
Yo pecador empedernido te encontré en el desierto
y no en las congregaciones del becerro de oro
Ahí encendiste tu zarza
y desde entonces el fuego no se apaga
y tu ángel canta en mi costado cuando te fallo
o cuando te agrado
¡Oh! Señor para siempre es tu misericordia

José Emilio Pacheco

México (1939)

La noche nuestra interminable

Mis paginitas, ángel de mi guarda, fe
de las niñeces antiquísimas,
no pueden, no hacen peso en la balanza,
contra el horror creciente de este mundo.
Cuántos desastres ya he sobrevivido,
cuántos amigos muertos, cuánto dolor
en la noche insondable de la tortura.

Y yo qué hago y yo qué puedo hacer.
Me duele tanto el sufrimiento de otros y apenas
intento conjurarlo por un segundo con estas hojitas
que no leerán los aludidos, los muertos ni los pobres
ni tampoco / la muchacha martirizada. Cuál Dios
podría mostrarse indiferente
a esta explosión, a esta invasión del infierno.
Y en dónde yace la esperanza, de dónde
va a levantarse el día que sepulte
la noche nuestra interminable doliendo.

José Emilio Pacheco

"Cristo con la cruz" por El Bosco

Con los ojos
cerrados y serenos,
la barba
de tres días
y sobre todo
la corona de espinas
Cristo soporta el peso
de su martirio.
Y dice a las mujeres que lloran:
Llorad por vosotras mismas
y vuestros hijos.

No hay más sangre
que una herida en el cuello,
fruto del roce
de la cruz pesadísima
que un soldado encaja
en los hombros del Galileo.
Van al Lugar de la Calavera.
En hebreo se llama Gólgota.

Desde luego Cristo es el centro del cuadro;
quizá no su motivo más importante.
Porque tal vez el Bosco no se propuso
(¿cómo saber sus intenciones?)
pintar otro retablo de la Pasión
sino darnos la imagen
del Mal según aflora en el gesto humano.

El tema del rostro
es el eje de este siniestro cuadro hermosísimo.
Verónica retira el paño corriente
en que sudor y sangre imprimieron
para siempre el Divino Rostro.

Pero devora la obra
la multitud de caras terribles.

Barrabás forma la O de un aullido.
Qué avieso es el anciano desdentado
de quien escapa un vómito de furia.
Mira encenderse a aquel bufón malévolo
que parece decir:
Si eres el Rey
de los Judíos ¿será posible
que no te salves a ti mismo?
Dime tú: ¿a quién
puedes salvar
si no te libras del tormento y la injuria?

De repente rompe las épocas
la presencia de un dominico.
Aliado
a un dignatario adusto,
labios de pato,
amonesta al Ladrón ya muerto:
Muerto de miedo o de su propia muerte.

(Nadie como Hyeronimus van Aeken
llamado Bosch
logró pintar ese color plomizo

que a cierta altura de la corrupción
se apodera de los cadáveres.)
El romano de yelmo parece un cerdo.
Es un cerdo
(con perdón de estos animales).

Y a la orilla del cuadro los que dan voces:
Crucifícalo, crucifícalo.
(No son
los habitantes de Judea:
el Bosco retrata
la danza de la muerte de la edad media
y los demonios más que humanos de Flandes.)
La ira brutal
de quienes piden más y más sangre.
El canalla estremecido de gozo
ante el presente y el futuro martirio.

Y los dos que se asombran.
Nunca sabremos
de qué se asombran.
Pero sabemos en cambio
que sin saber de nosotros
el implacable Bosco nos pintó en este cuadro.

Sólo tenemos que reconocernos.

Gastón Soublette

Chile

Rostro de hombre

En realidad, la metrópoli entera se inquieta cuando
aparece el bienaventurado.
Aquel que no aprieta la garganta para hablar
Y cuyas palabras le brotan desde los talones
Que no se alza sobre la punta de los pies, ni emplea
frases abusivas.
Aquel que defiende al pueblo de la publicidad
No con una buena televisión
Ni siquiera con una buena literatura
Sino con milagros
Se me ocurre que todavía anda por ahí merodeando
como antes
Rodeando ciudades, mendigando peces y mascando
trigo crudo, para calmar su hambre.
Apareciendo cuando nadie lo esperaba
En compañía de indeseables
En permanente compromiso con los marginados
Aquellos que se alejan del centro, por sus dolencias a sus
pobres quehaceres
Con los delincuentes comunes y los melenudos
impávidos
Los mendigos y los organilleros sentimentales
Lo cierto es que al término de todo está Él
Descalificado por todas las universidades del mundo
Como la pobre Juana por la Sorbona
De nada sirven ya los tratados que desarrollan el
interesantísimo tema de "El problema de Jesús"
Ni esos folios venerables así llamados "sumas teológicas"
De nada sirve la coherencia misma del pensamiento escrito

Ni la autopsia de las civilizaciones.
De nada sirve la ordenación de la vida al tenor de las
más recientes investigaciones.
Ni la virtud ni la solidaridad de los Estados
Ni aquella asamblea interburocrática propuesta por los
gobiernos para la administración de la paz.
Los caminos del Señor resultaron no ser nuestros
caminos
Los desvíos del Señor resultaron no ser nuestros desvíos
La primavera sólo sabe responder con flores e insectos
Y los volcanes con fuego y cólera
La vida sólo sabe responder con la vida
¿No era eso lo único que deseamos a través de nuestra
azarosa existencia?
Pues la vida se manifestó
y Pedro y Juan la vieron.

José Kozer

Cuba (1940)

San Francisco de Asís

...porque está a punto la mies.
San Marcos 4.29

Da de comer, desde su propia inclinación, a toda clase
de aves sigilosas, no hace mucho despavoridas.
Las reclama: acuden.
Recibe él mismo un alimento santo, inaceptable por los
siglos venideros, en exceso ejemplar.
Dios le niega la vista, contraria a la meditación.
Desde sus ojos, ama las cosas del mundo: las muchachas
en los fondos del estanque, los peces maravillados sobre
la superficie del milagro de los mares, la propia escena
devota de la crucifixión.
Y como un riachuelo ama la incorrupta concatenación
de las flores en la fértil horizontalidad de la
bienaventuranza.
Los lagartos reflejan al asno en la aparente divinidad de
los rostros.
Si no: cómo habría de vivir un animal la congoja de su
bestia adormecida.
Ama Francisco en su propio fundamento el sencillo
engranaje sin destino de la noria.
Y lo ama más —se sabe— que a la piel de onagro, que
al impoluto gobelino de los unicornios o al Evangelio
demasiado obligatorio.
Pobre Francisco: en soledad de siena venera los
bicharracos por encima del azote de una escala.

Pascua en La Habana

Éste es el día de la Pascua.
Éste es el día en que los judíos se reclinan
sobre el día a día de la compra y de la venta,
pasan por Beirut, desembarcan en La Habana,
éste es el día en que fundan una sinagoga,
            abren una bodega cubana,
y reúnen a todos los nietos de la diáspora,
es la hora precisa en que Daniel Santos ameniza
            acompañado por el Conjunto casino,
Jacobo le regala a María Brull una caja de jabones
            perfumados,
Toña la Negra desempata un ritmo encajonado
            en la televisión,
los judíos ratifican las actas de la alianza,
los judíos se recogen a llorar las ausencias del agua,
se encogen miserablemente agarrados a las cuatro patas
            de la mesa de los panes,
mastican el pan de las proposiciones por los cuatro
confines
            de la tierra
lamentando el éxodo inclemente de las prohibiciones,
escuchando atentamente la voz de los abuelos de Aarón
y Yahveh,
esa cólera de la montaña que nos hace ricos y nos hace
indigentes,
y ojo por ojo, diente por diente,
los judíos ratifican día a día la tremenda expiación de
los hijos de Israel
que pagan cinco veces más, toro por toro,
mieses por mieses, y animal vacuno por animal vacuno,
padres por padres resarciendo irremisiblemente la ley
            de los decálogos.

Roberto Obregón

Guatemala (1940-1970)

Resurrección

Cristo se fue desprendiendo del madero
Quedóse con los clavos con las espinas
retoñando ya en las manos y en la frente
Volvía robustecido de crímenes y leyendas
Milagros y amenazas de destrucción y advenimiento
Allí mismo nos sentamos a jugar a los dados
Yo apuesto a la vida pronunció serenamente
Y yo por qué no voy a apostar a la vida respondí
(sonreí maliciosamente si le llevaba ventaja)
Yo tiré AFIRMASTE ser el camino la verdad y la vida
Mas indicaste vía irreal no contando la crueldad
Mas en el primer encontrón pusiste la otra mejilla
aunque en ciertas cosas claro poseías la razón
Y para rematar a tus amigos preferiste la muerte
Cada quien reconoce su lugar y le señalé la cruz
Juguemos entonces apostemos con la eterna moneda
antes de descender y precipitarme en el gólgota
Cara me apresuré y él no tuvo más que decir CRUZ
y el hacha de un abismo nos separó a los dos
Él allá en una orilla y yo desde aquí clamoreaba
YO MISMO ESCOGÍ ESTE MUNDO Y AGUANTARÉ
NADIE ME MANDÓ YO SOLITO COMO CUALQUIER
CRISTIANO
El viento solamente el viento allá en el fondo
arrancaba tierra a los pies de la alegoría

Ya no quiero saber nada nada nada me alejaba
con el dolor y los sueños de barro del hombre
y la historia toda del que se llame Juan o María

En pasando tres días al disiparse la bruma
la cruz surgió desnuda así como antes del símbolo
fresca y olorosa a árbol derramando sombra

Se le subió Adán a la cabeza informó la prensa
y a teletipo difundieron el rumor entre la muchedumbre
En menos de lo que canta un gallo
en los amplios dominios de Jehová
en plenas narices le reventó un foco guerrillero
comandado por el hijo de un carpintero

Hugo Zorrilla

Colombia (1940)

¿Dónde Señor?

Señor, ¿te he visto antes?
¿Nos hemos visto alguna vez?
¿Nos encontramos en otro sitio?
¿Dónde nos hemos conocido?
¿Coincidimos en alguna parte?

Yo sólo preguntaba
al recorrer estas mis calles.
Los charcos de esa esquina
los dejé más pequeños,
y las cercas que se inclinan,
con su crujir lloroso,
recuerdan devotas procesiones.

Mira, Señor, preguntaba
si nos hemos visto antes.
Los viejos ya no están,
los niños han envejecido
antes de tiempo,
las paredes de la iglesia
adornadas están de agujeros,
con su color de recuerdos
y su música de cielo,
ni su portón abre ligero.

¿Fue en el atrio festivo?
Conociéndote como te das a conocer,
coincidimos con el labriego
en su huerto vivo,

con el que siembra
el pan para comer,
en el huérfano y el fugitivo
de la injusticia humana.
Nos hemos visto muchas veces,
y que pueda verte, ruego,
allí donde prometes volver.

El misterio de tu mar

¡Oh mi Dios!
pensaba que te conocía,
que contigo a mi lado
el misterio de las cosas
y la esencia lapidaria
del relámpago alado
su inteligencia tenía.

¡Oh Señor! creía
que tus infinitas memorias
eran esperanzas vacías,
que yo simplemente controlaba
el oleaje de tu mar,
que la profundidad de tu océano
libremente navegaba
sin tu ayuda
y sin hermano.
Que pensaba en ti
estaba convencido,
pero tú pensabas en mí,
y me conociste primero
cuando aún no había nacido

¡Oh Señor mío!
todo en el paisaje
vuelve a ti,
y de tus aguas profundas
bebe la creación.
Pon una gota de brío

en mi propio ser,
a mi izquierda
y a mi derecha,
arriba y a abajo,
adentro y afuera
y en el centro de mi piel.

Tanto, Señor

Tanto quererte en los reflejos.
¡Tanto amarte!
Tanto soñarte en los destellos,
tanto desearte en mis sequedales
entre un verano y otro,
entre esta luna y este sol,
como el venado perdido
en la espesura del bosque,
entre estrechos andurriales.

Y tanto pensarte, oh Señor,
y tanto buscarte rendido
como cargado peregrino
con las angustias del ser,
y con tu costado herido,
tú, oh Señor, que obediente
conoces mi destino,
que pueda tener de tu pan
y del vino nuevo beber
como nos has prometido.

¡Tanto meditarte!
en el oleaje del lienzo arrugado
de mis emociones,
tanto recibirte en el agua tranquila
que copia la nube que pasa,
beberte en el vino reposado
mientras vives con la lluvia que avanza

entre abiertos peñascales
que en abril se cubren de esperanza.

¡Tanto amarte sin cansarme!
Tanto cantarte sin aburrirme,
y tanto que me falta
¡mi Dios en alabarte!

Pascua

Aura sosegada,
                  aura verdosa.
Aurora,
aureolas fijas
                  de manta áurea,
de luces chicas
en cada hora.
                  Viento aureolar.
¡Misterio!
                  de cosas
que la vida orea,
en medias luces,
en silencios
                  lentos,
            oscuros,
elocuentes,
taciturnos,
            incandescentes,
de cada instante crepuscular.
¡Milagro!
                  de una visión horizontal
que no aplasta,
ni se desgasta.
La gente en procesión,
una vez a la orilla de la mar
                no secreta,
                en conmoción,
pidiendo pan
                para la casa,

para la mesa,
para la cuna quieta,
para la panza,
mientras se hace inmensa,
la mano en la silueta.
¡Misterio!
de aguas
que el monte encaja,
en la mano de la higuera,
en el hueco de la piedra,
como un rumor,
como una aventura
azul del sol
en primavera.
Palpitan las manos,
se agita el cuerpo
como un vituperio.
Clavada,
crucificada,
enterrada,
la palabra,
el nombre en su lenguaje.
La carne
levantada,
alargada en el paisaje,
conquistando un territorio
de muerte con la vida,
en su cuerpo desangrado.
Y el relicario,
de boca negra,
de tapa roja,
es una mañana abierta,

sin bálsamo ni sudario,
para la mujer alerta,
          que despierta
en el cementerio,
con el rayo
          azul y seco,
de la aurora sepulcral.

Belkis Cuza Malé

Cuba (1942)

Mujer brava que casó con Dios

A Sor Juana Inés de la Cruz

Me la imagino toda de blanco,
pintando las paredes del convento con malas palabras,
abrumada por el calor, por los mosquitos,
y el desierto que era su celda.
Supongo que mucho antes, había cometido un desliz
con un caballero que por aquel tiempo
ya era casado, pero que reconstruía su vida de soltero
cada vez que la besaba.
Estoy segura de que cuando él la abandonó,
ella quiso entregar su cuerpo al diablo,
hacerse una mujer práctica e indigna,
y que compró dos o tres trapos femeninos,
lloró un poco
y luego se dijo: "toda la maldad del mundo son los
hombres".
Creo, es más,
que no procuró olvidarlo,
que llevó un record de las batallas que ganaba,
y que solamente cuando lo mataron
en aquel lío de mujeres
ella puso sus ojos en otro,
y que casó con Dios, el impotente.

Devoción de Teresa de Cepeda

Ausente de este mundo,
contemplando las nevadas colinas
tras las cuales imaginaba a Dios
porque detrás no se veía más que cielo,
ella deseó como nunca la vida
y el asombro de no saberse ciega o sorda.
Él le había pedido con un grito amoroso
que volviera, que descubriera en su rostro el viento,
que descubriera en sus manos la caricia.
Pero el corazón no triunfa,
Dios está en todas partes,
es su dueño,
su empresario,
su marido,
su hijo,
su amante,
su amuleto.
El corazón no triunfa.

Todas las mujeres son de Dios,
pero él no es de ninguna.
Tarde a tarde ella ve alzarse las colinas,
pirámides en que la nieve hace su nido
y piensa en nosotras,
pobres muchachas de provincia,
con vocación para el hogar,
a ratos visitadas por el Diablo
y abandonadas entre las hojas secas
que caen de las sombras de los árboles.

Hugo Mujica

Argentina (1942)

Juan de la Cruz. La nada: fuente y metáfora (fragmentos)

Todavía más arriba, en la ascensión, decimos de ella, la causa universal, que no es alma ni espíritu; no se le atribuye ni imaginación, ni opinión, ni razón o pensamiento, ni se puede equiparar con la razón y el pensamiento, ni puede ser dicha ni pensada. No es número, ni orden; ni magnitud, ni pequeñez; ni igualdad, ni desigualdad, ni semejanza ni desemejanza. No tiene un lugar fijo, ni se mueve; no reposa. No se le puede atribuir potencia, ni es idéntica con la potencia, ni con la luz. Ni está viva, ni es idéntica con la vida, ni con la luz. No es Ser, ni eternidad, ni tiempo, ni puede ser comprendida ni conocida por el pensamiento; ni puede ser equiparada con la verdad, ni con el poder, ni con la sabiduría. No es ni uno, ni unidad, ni divinidad, ni bondad; tampoco es espíritu en el sentido en que entendemos esta expresión, ni puede ser equiparada con el hecho de ser hijo ni con el de ser padre, ni con ninguna otra cosa, ni con ningún otro ser del que podamos poseer conocimiento. No pertenece ni al ámbito de lo que no existe, ni al de lo que existe. Se sustrae a cualquier determinación, denominación y conocimiento. No puede ser equiparada ni a las tinieblas ni a la luz, ni al error ni a la verdad. No se le puede atribuir ni dejar de atribuir nada.

SEUDO DIONYSIUS
AREOPAGITA

I
(No se puede decir dios sin decir yo, valga esto como
advertencia de estas líneas, como confesión. Tampoco
dios puede decirse sin decirnos, valga como gratitud.)

Dios crea de la nada y para nada: rosa sin pétalos, dios
sin dios: lo humano.

El hombre es su nada, pero su nada no es él.
Esa nada es su fundamento, su espacio de dios: su ser
sostenido apareciendo.
Su pender y depender:
su brotarse alma.

Vivir es esperar: recibirse.
Acogida de sí en sí. (Acogida y despedida, despedida en
la acogida: abrir en el dejar ir.)

También desvivirse: rebasar.
Ese rebasar también es recibirse: ser en otros, sin serse.
Ser libre de sí. (Ser sin la sombra de mí.)

El hombre se parece más a otro que a sí: el hombre es
su diferencia. Lo abierto de sí, su nada.
También, y lo mismo, su posibilidad.
Su otredad.
(Y su olvido.)

El hombre es un ser de lejanías, lejanías tan lejanas que
se trasparentan ausencias. Que se susurran añoranzas.
Tan lejos de sí, su lejanía lo extraña,
lo llama otros.

Sabiéndolo o no, lo más propio, lo suyo y único, lo espera. Lo anhela: es ese anhelo.
Ese deseo es su ser.

El hombre es nostalgia de sí, deseo de ser.

(Y ese deseo es más que su ser: desear más que lo que se desea es trascender.)

Sed y pasión de totalidad y, también y después, ser más allá de toda totalidad: ser afuera.
Ser lo otro de sí. Lo irreductible a sí.

Para el hombre abrirse a lo otro es su estar en sí: recibirse es su dejarse ser.

El infinito, imaginamos, es una línea que se extiende, se afina, se trasparenta… Pero no es una línea, no es horizonte.
No es del orden del ser: es lo otro y lo más acá.
(Desmesura de una mesura, pero no de sí.
Medida, otra vez, de mí.)

El infinito es un rebasamiento hacia dentro: carencia.
Finitud.
Nos habita no estando. Sustrayéndose.
Rozándonos.

(Ese roce es una herida: su quedarse sin estar.
Su presencia sin presente.)

El hombre, lo supo también Pascal, es un ser finito habitado por la infinitud.

Es lo menos habitado por lo más: es estallido:
celebración.

El hombre es el lugar donde la síntesis de lo más y lo
menos, la finitud y el infinito, toda síntesis, cualquier
sincronía, fracasa.
En ese fracaso se cumple: se exilia.
Desborda.

Desbordándose, el infinito nos arrastra.
Llegando, preña.

Rebasándonos, nos llama.

Desde otro lugar, otra mirada, pero intuyendo lo
mismo, poetiza Paul Celan:

El huésped.

Mucho antes del anochecer
entra en tu casa quien cambió un saludo con la
oscuridad.
Mucho antes de amanecer
despierta
y enciende, antes de irse, un sueño,
un sueño resonante de pasos:
le oyes medir las lejanías
y hacia allí lanzas tu alma.
 [...]

IX
Al final

Sólo una vez cae cada lluvia
y todas las gotas son
esa lluvia

(a veces, en alguna, centellea
algún reflejo).

Nadie dice dos veces
la misma palabra

de dios,
como de la muerte o del haber nacido,
no se regresa: al final sólo se dijo él.

Santiago Kovadloff

Argentina (1942)

Santiago Kovadloff

Hombre en la sinagoga

Solía venir aquí en busca de consuelo
cuando amaba a una mujer que no me quiso.

Y cuando desoí a quienes me oyeron
y herí a quienes me amaron,
vine aquí en busca de perdón.

Un día estalló el último espejo
y mi vida fue un peso sin forma
y aquí volví en busca de Dios.
Dios calló como siempre
y entonces descubrí la sinagoga:
Sus sólidas paredes,
el gratísimo silencio,
la fresca paz de este recinto en el verano,
y ya no fui más.

Afuera la inclemencia empuja a la fe
y la fe al vacío.
Aquí dentro la ausencia de Dios importa poco.

Jorge Arbeleche

Uruguay (1943)

Credo

A Laura Oreggioni

"Creo en Dios Padre Todopoderoso
creador del cielo y la Tierra"
sobre todo de la tierra
esta tierra de pasión y dolor
llena de hombres
hermosa —o más que el cielo—
toda llena de fuego
todo latido grande y corazón henchido
"en Jesucristo su único hijo"
que se bajó hasta aquí
para ser hombre
con carne hermosa y rubia barba
que se desprende la camisa
y grita
que está aquí junto a
todos los seres que luchan mueren y reviven
y cuanto ser se juega
y rompe el alma
por el alma y la risa de los otros
y cuanto hombre se desangra
(hoy, ahora mismo)
en toda sierra o selva o ciudad americana
(en ese Cristo-Jesús-dolor y lucha creo)
"en la resurrección de la carne"
la estremecida caliente frágil carne
que crece canta vuela
cuando otra carne encuentra

y se derrama en luz total y única
por la sombreada piel
en la aventura cenital del cuerpo.
Creo en Dios.
Creo en la luz. Creo en el aire.
Creo en el hombre Todopoderoso.

1974

David Escobar Galindo

El Salvador (1943)

Soneto

En el que hablando con Dios desvive su secreto
valimiento

Ábreme, Dios, el juego de tus venas,
la voz de tus cartílagos contusos,
la animación floral de tus abusos,
tu cariñoso abismo de sirenas.

No ese estupor de luz en que te entrenas,
ni el salar de tus mares inconclusos,
no, porque pese a crédulos ilusos,
tienes de oscuridad las manos llenas.

Sólo tu ser en mí que hable aprehensible:
o mejor esta lengua corrosiva
que se encarna en un verbo remisible.

Alto cuévano de agua fugitiva:
si bebiéndote bebo lo imposible,
no te asustes del dios que te derriba.

David Escobar Galindo

Carga de Dios

Dios mío, si eres mío ya no aguanto
tu peso en mis pulmones y en mis huesos.
Tu peso, que buscando contrapesos
sólo halla la palanca de mi llanto.

Estoy solo de Ti, por eso tanto
me cuesta depender de tus excesos:
y aún me exiges memorias y progresos,
Tú que cuidas, tan fiel, mi desencanto.

Por eso si pudiera desprenderme
de tu carga tan íntima y secreta,
feliz sería como el sol que duerme.

Pero ante la ansiedad de desclavarme,
sigo preso en la sed del agua quieta,
como un arma que teme su desarme.

Candil sin dueño

Todo el vacío, Dios, vuelto experiencia
cabe en cada memoria a que me aferro.
El vacío y la nada de mi encierro,
donde tu voluntad vuélvese urgencia.

Me urge seguirte, Dios, con la evidencia
de que sigo al pastor de mi destierro.
¡Soy tu cordero, Dios , y sin cencerro!
Y el lobo acecha, en forma de conciencia.

Si caminas delante, yo distraigo
un instante la fábula o el treno
para oír la oquedad que me destinas.

Y perdiendo el sentido del arraigo,
tiemblo a tu sombra, abandonado y pleno,
como un candil sin dueño entre las ruinas.

Roque Vallejos

Paraguay (1943-2006)

Poema 12

I
Todos velábamos a Dios
aquella noche,
como a un muerto gigante,
ahogado en nosotros.
La tierra se ahuecaba
para sorber la vida
mientras un cielo ausente
nos volvía la espalda.

II
Toda una inmensa noche
nos trepaba los huesos,
llovíamos callados
sobre nosotros mismos,
la nada nos lamía
tibiamente las sienes,
era baldío el tiempo
que nos soplaba adentro.

III
Como a madera vieja
nos digerían insectos,
el hombre era una jaula
abierta
para adentro,

nos poblaban arcángeles
extrañamente
ebrios,
muertos insomnes éramos
de pie bajo la letra.

IV
Fermentaba ya el Verbo
en las entrañas, y en las oleadas
nos llegaba su vacío,
átomo ausente
cayéndonos de abajo,
sombra desperezada
en vez de sangre.

V
Piel subterránea.
Latido volteado.
Eternidad de nuevo
bautizada.
Cielo crucificado
en vez del hombre.
Infierno inaugurado
en vez de nada.

Parábola de la resurrección

A la llorada memoria de mi tío
Livio Pérez Garay, guía y maestro

Se ha apurado la sangre
inútilmente
desde el vacío cáliz de la carne,
se han sorteado en vano
las entrañas del hombre,
como vampiro inmenso
el cielo abre sus alas,
la tierra se desdobla
en dos maderos anchos.

Ya ha consumido el sol
su propio fuego, como un licor
para embriagar al mundo,
y en el opaco alero de su sombra
sólo el lampo del hombre.

Como un turbión de nubes
se despeña la figura de Dios
sobre el abismo,
mientras su luz rebota
desde el fondo
como espuma hasta el hombre.
Y se ha rasgado en dos
el velo de la muerte

en la hora novena,
y se ha borrado
el límite del tiempo,
mientras la cruz vacía
se yergue sobre el mundo,
el hombre se reencarna
en la madera,
y fosforece.

César Abreu-Volmar

Puerto Rico (1944)

César Abreu-Volmar

El poema de Dios

Y quise escribir
el mejor poema,
pero Tú lo habías hecho,
Señor.

Y quise encontrar
la mejor palabra,
pero Tú eres la Palabra
por excelencia.

Somos tu poema,
escrito con dolor
y sangre de tu Hijo,
de tu propio corazón.

El mundo es tu
parto de palabras;
somos las sílabas
de tu Gran Canción.

¿Quién?

¿A quién podemos disparar
nuestras flechas rotas?
¿Quién nos reparará
el arco también?
¿Quién vendrá
a llevarnos cautivos
hacia la libertad?
Tú, Señor,
Sólo Tú.

Alfonso Chase

Costa Rica (1945)

Magnificat

Glorifica mi alma al Señor
y mi espíritu se llena de espanto
como limpio cuchillo
sobre el toro del mundo.
Ved aquí el motivo que tendrán
los humildes para
alzarse, desplegando el orgullo de los soberbios,
trastornando el orden del mundo.
He aquí el escándalo de la cruz.
Sobre la espalda del universo,
la fría sangre en boca de una golondrina,
la lanza como una ráfaga,
novísima sobre el costado del náufrago.
Glorifica mi alma al hombre
colocado en el sitio de la Madre,
acordándose de ella por su misericordia,
escapando del péndulo que en forma de cruz
cobija al pecho del saltatumbas.
No moriremos por astucia del demonio,
ni de rayo ni en ocasión de guerra,
ni en paraje despoblado en poder de enemigos.
Glorifica mi alma al árbol nocturno y al acero
y a la tangencia pulverizada de la muerte
haciéndose infinita.

Aprendiendo a orar

Padre nuestro que estás en la sangre.
Ayúdanos a salvarte del silencio,
haznos chispa o relámpago, corona
para la pobreza, pico de cuervo
y rosa despilfarrada en los jardines.
Santificado sea el cuerpo, la ramazón
oculta de las venas, las lágrimas
hablando con la hiedra, el dedo
poniendo límite al horizonte.
Padre nuestro que estás en las cosas.
Ayúdanos a despojarnos de todo,
regocíjanos en el amor al insecto
y la admiración silente por la sombra.
Santificado sea el nombre del prójimo,
el dolor de sus párpados, el filo inacabable
del labio, el arco maravilloso de la nuca
sosteniendo todos sus pensamientos.
Permítenos compartir
la espiga del hambre,
el Porvenir del alba y la sonrisa.
No nos niegues la tentación.
Empújanos al encuentro del dolor
engendrado en el pánico de saberte solo,
mas líbranos de nuestra voluntad
y déjanos en el instante largo de la duda.
Olvídanos en tu reino. No recompenses
nuestras obras, así como nosotros te perdonamos
la soledad perpetua de tu llanto.

Sálvanos de la vida perdurable
y del pan nuestro de cada día,
juzga nuestras deudas y haz que podamos
pagarlas en el doble. Padre nuestro
que estás en la sangre, permítenos
arder en la chispa y desaparecer en el fuego,
ahora y en la hora de nuestra vida. Amén.

Alfonso Chase

Pascua

Tiembla la tierra. Tiembla la pompa
cárdena del mundo. Uñoso el grito sube
en húmeda montura. Todo se tambalea
como si el Arquero disparara su fidelidad
contra la insomne espiral de lo perfecto.
Tiembla la tierra. Satanás entre su chusma
afila. hirviente, el frenesí de sus armas.
Tiembla. Llueve. La flor petrificada
se hunde en el aceite ritual. Brusca
entre el barullo de los grillos.
Pascua! Pascua! Pascua!, grita
entre los guanacastes el ave suntuosa.
Aleluya! Aleluya! Aleluya!
Ha resucitado el Aguafiestas.
Satanás regresa a los infiernos.

Alejandro
Querejeta Barceló

Cuba (1947)

Alejandro Querejeta Barceló

Yo he venido a cantar

Cantemos,

tú que limpias mis pies de la fatiga,
abres las puertas de tu casa
y sirves para los míos leche y miel.

Tú que no me ves extranjero,
sino hermano que llega de lejos.

Cantemos,
tú y yo, callado amigo,
en la mañana del pan fragante
y generoso en la mesa de todos.

Cantemos,
que gracias a ti la tierra
se explaya en frutos abundantes.

Cantemos,
tú y yo, ahora hermanos,
juntos en el camino difícil del amor.

Cantemos,
en nombre de los campos,
de los astros y de las estrellas,
del mar inmenso de los sueños,
de los ríos que esplenden,
de los naranjos que florecen,
de mi madre que, rumorosa,
reparte a todos la alegría.

Cantemos,
que Él dice al dolor: "Apártate".
Cantemos,
que El nos dice cada día:
"Levántate y anda".

Cantemos,
por cuanto fuimos y ahora somos,
porque desde ahora por siempre
y para siempre,
la Vida nace para todos.

Gloria, gloria a su abrazo que nos une.
Gloria al Señor que nos acoge en su pecho,
que sabe tu nombre y el mío y nos llama.
Gloria a quien en ti y en mí cada día resucita.
Gloria a quien nos entrega su gracia y su paz,
como precioso regalo de sus manos.
Gloria en las alturas de su generosidad,
gloria en la sencillez de sus palabras,
gloria a Dios en su inmensa misericordia.

Ven conmigo allí donde la vida nace,
ven a mi lado por el escarpado camino,
no te pierdas entre las sombras de la noche,

guiémonos por las estrellas cómplices
que titilan en lo inmenso y nos llaman.
Ven conmigo, que ahora está naciendo,
que su sola presencia nos convoca.
Ahí está en tanta esperanza cierta,
frágil en su sencillez, niño en sus ojos,

Dios mío, tuyo, nuestro por siempre.

Hacia Getsemaní

I
He aquí las migas del pan
que se deshace sobre el mantel,
como si quisiera prolongarse
más allá (aún más allá)
del horizonte de la mesa.
Todos a su alrededor atentos
a sus gestos, a sus palabras.
He aquí entre ellos al traidor
que bebe y espera, nada sabe
                              de su identidad.
He aquí en el templo el eco
de sus voces y las nuestras,
plegarias, reclamos, promesas.
Cifra extraña, cábala que espera
y vuelve, da la espalda
y comienza, como un Cascanueces,
con sus giros.
Soy el que soy, tú lo has dicho,
y pronto no estaré con ustedes.
El pan se extingue, el horizonte
se anula y las manos del Maestro
se mueven lentas en el vacío.
Y dice que es y que no estará,
y nadie cree en sus palabras.

II

Porque tuyo es el reino, desde la cruz
vuelan los gorriones hacia los árboles
fantasmales del jardín.

                        Hay un murmullo
obstinado entre los que esperan,
el pequeño mundo de éste y de aquél.
Cristo yace irremediablemente
sobre el madero, no me mira,
no puede volver sus ojos a mí,
entre tantos que le buscan
en la ansiedad que todo lo desborda.
Porque tuyo es el reino y el mañana,
el madero y los gorriones, el Alfa y el Omega
de quienes preguntamos cómo y cuándo.
Todas las cosas corren hacia la vida.
Como llamas que consumen
nos buscamos en la Oscuridad.
Lo Obscuro y su áspera rosa náutica.
Tu reino, tu mañana, las vidas

                        que se te ofrecen.

III

Sacudes las migas, doblas
con paciencia el mantel

                        del sacrificio.
Los platos (que nos reflejan)
allí donde antes estaban.
No hay comienzo ni fin.

Padre mío, todas las cosas
te son posibles, sostén el cáliz

y apaga nuestra sed.
                    Y el pan hecho
cuerpo, y el alma triste,
y todos de rodilla en esta hora.

Hay gotas rojizas sobre la tela.
Creo adivinar entre su urdimbre
los duros rasgos de tu rostro.

Estoy solo, nadie viene a velar conmigo.
¿Acaso tú también duermes?
Este es mi cuerpo lacerado,
quemado por las guerras y el odio
Un cuerpo presa del infortunio.

Esta es mi sangre, y el espíritu
está pronto, cual ave decidida al vuelo.
Hágase, Señor, tu voluntad,
déjame solo con mi agonía.

IV
No te conocen, pasas a su lado
y es como brisa transparente.
Subes al monte y no te ven.
Hay tristeza, pavor, angustia.
Uno dice amarte más que los otros,
se apoya en tu hombro,
                    y no te conoce.
Eres como el mar en su misterio,
como el cielo con sus espacios
e incertidumbres.
El mundo no te ha conocido,
y la Hora va llegando paso a paso.

Nunca el gozo será completo
y la luz habrá de consumirse.
Ellos piden y reciben, y tú, oh Señor,
eres víctima de su hambre.

V

Espadas hay en el templo y una de ellas
oculta su filo con sangre inocente.
Es la noche de Dios nuestra intemperie.
Una mano levanta la copa
y otra mano segura sostiene la escudilla.
Que la paz, el pan y el vino sean contigo,
hombre que gesticulas
y gritas entre las sombras.
Es el pan nacido del sudor de cada día.
Es el vino fragante, vida que acoge
todas las cosas bajo sus alas, espíritu
que también tuvo los beneficios de la duda.
Que toda cosa nos sea dada en gracia
sobre la tierra y más allá, en lo inmenso,
en el cielo y el haz de sus constelaciones.

Otra vez el templo.
Una monja de blanco atraviesa
entre las sombras de la nave.
A mi lado otro hombre murmura,
tiembla,
ahora todos cantan.
Y la muerte en traje de hechicero.

Y sólo tú y yo, Señor, una vez más
frente a frente, puestos de pie,
mudos y esperanzados.

Alejandro Querejeta Barceló

Amanecer en Betania

Todavía es pronto para el mundo
y a mi alrededor todo amanece.
Desde lo alto miríadas de estrellas
se diluyen en la noche profunda.

Hay un estruendo sordo y lejano.
Vida es la luz para los hombres:
en sus botes, entre las olas, el fuego
calienta e ilumina.

Vacías van las redes a las aguas,
abriéndose en el aire sobre ellas
con su trama desde siempre repetida.

Todos alguna vez anduvimos errados,
olvidados y de espaldas al Amor.
Temeroso me siento junto a la orilla,
extiendo los brazos entre la niebla.
Los míos han vuelto a su dulce sueño.

Señor, todavía es poco para el mundo,
para estos hombres que ven vida y luz
en las cosas sencillas de tu Hora.
La angustia les robó una y otra vez
las marcas y lindes de tu camino.

Señor, mi cuerpo se niega a las sombras
y también el de éste y el de aquél.
Quita entonces la piedra que nos oculta.
Danos, como a Lázaro, otra oportunidad.

Raúl Zurita

Chile (1950)

De un Evangelio

"Si estás en el séptimo cielo y un caminante te pide un vaso de agua, desciende del séptimo cielo para dárselo. Si eres un santo asceta y una mujer te pide un beso, desciende de tu santidad para dárselo".

Es María Magdalena hablándole a Jesús en *La última tentación* de Nikos Kazantzakis. Es una frase que me conmueve y creo, ya a los 50 años, haber intuido el porqué: a la imagen de un Dios todopoderoso prefiero infinitamente la de un Dios que es débil por amor. Que es capaz de ir contra sus propias leyes por amor.

No sé si existe el otro mundo y tampoco sé si me importa tanto. Hay una eternidad estremecedora que se gana en la tierra, un anhelo que nos hace desear creer en una prolongación de la vida sólo porque algunos instantes de esa vida tienen vocación de infinito: el encuentro, el abrazo, el aliento del rostro que se quiere pegado con el nuestro.

Tampoco sé si salvaría mi vida, pero me angustia que algunos minutos de ella se mueran conmigo; escenas que considero dignas del museo de lo eterno y que deberían sumarse a esa inmemorial cadena de momentos que hombres y mujeres, desde los tiempos más remotos, han ido tramando sin saber que lo hacían para que algún desconocido, alguien que vendría muchos años, siglos, milenios más tarde, repita, haciéndolos renacer, los mismos gestos y susurros.

La vida eterna es ésta y sólo quiero hablar de otras ciudades, de otros países, de pueblos invisibles que sobreviven a los nuestros y que están hechos del cúmulo de todos los abrazos que han sobrevivido a la noche, a la oscuridad y al tiempo, donde creamos nuestras patrias imaginarias y nacemos para morir por amor porque es la única manera de perder la vida que vale la pena. En esas patrias no hay más banderas ni himnos que la voz de la Piaf: "Yo renegaré de mi país, yo renegaré de mis amigos, si tú me amas". No hay allí otra enseña que esa voz, que ese canto desgarrado e inmenso.

Mi Dios entonces, mi sueño, si es todavía verdad que de los pobres de espíritu será el reino de los cielos, si aún es cierto que los que lloran serán consolados, si algo de tu resplandor persiste a pesar del frío y de la sombra, dime, dinos algo que nos haga ver de nuevo esta tierra. Que nos haga volver a mirar sus millones de rostros, sus miles y millones de labios entonando juntos los movimientos del beso y del canto.

Hilvano estas líneas de noche, tarde, e imagino a las afinidades de Magdalenas y frente a ellas a los orgullosos, a los llenos de sí mismos, a los que han ganado. Lo imagino y temo.

INRI (fragmento)

Cruces hechas de peces para los Cristo. El arco del cielo de Chile cae sobre las tumbas ensangrentadas de Cristo para los peces. He allí tu madre. He allí tu hijo. Sombras caen sobre el mar. Extrañas carnadas de hombres caen sobre las cruces de peces en el mar. Viviana quiere acurrucar peces, quiere oír ese día claro, ese amor truno, ese cielo fijo. Viviana es ahora Chile. Acurruca peces bajo el hosanna del cielo.

Caen sorprendentes Cristo en poses extrañas sobre las cruces del mar. Sorprendentes carnadas llueven del cielo: llueve un último rezo, una última pasión, un último día bajo los hosannas del cielo. Infinitos cielos caen en raras poses sobre el mar.

Infinitos cielos caen, infinitos cielos de piernas rotas, de brazos contra el cuello, de cabezas torcidas contra las espaldas. Lloran para abajo cielos cayendo en poses rotas, en nubes de espaldas y cielos rotos. Caen, cantan.

He allí tu madre. He allí tu hijo.

Roberto Zwetsch

Brasil (1952)

Roberto Zwetsch

"El gran oscuro es Dios"

Para Adélia Prado

Un día abrí el libro
y allí estaba escrito:
"El gran oscuro es Dios
y forcejea por nacer de mi carne".
Sí, es canto de mujer parturienta,
poeta *mineira*
suelta en los prados
recogiendo las flores
que el viento
sembró.

Grande eres tú, mi Dios,
y oscuro como el ébano africano,
que aquí reverencio.
Desde siempre forcejeas
por nacer en nuestra carne,
nuestras vidas,
brazos, chozas,
manos y mentes.

Pero cómo es difícil
aceptarte pobre y frágil,
sin tener siquiera
una piedra donde reclinar
la cabeza cansada
de peregrino
ambulante del evangelio
de la alegría mayor.

¿Quién está dispuesto
a parir el cielo en la tierra?
¿El mar, la distancia febril?
¿El nuevo canto de la vida?
¿El grito del pobre oprimido?
¿El dolor de la nueva esperanza?
¿La luz al final del túnel?

Recojo trozos de vida
en mis andanzas descalzas
y, pedazo a pedazo,
se va formando un diseño
que ni siquiera imaginaba
en mis mejores sueños ignotos.

Forjador del mundo nuevo,
del oscuro nace la claridad,
cielo abierto extendiéndose
en la vigilia de esa hora
de amor y gratuidad.

Sí, mi Dios, tú eres como
el herrero que trabaja el hierro
de mi vida querida.
¿Sabré soportar tu esfuerzo?

Palabras

Para Manoel de Barros

Un canto brotó
del hueco de la piedra.
Nadie lo escuchó.
Sólo el cantor,
atento a las sutilezas del sonido,
percibió el cambio
en el aire, la ligereza tenue
de la nota emitida
que vino de ahí.

Un silbo,
un viento cualquiera
sin fuerza o armadura.
He ahí el misterio de Dios
envuelto en sombras y vacíos.

Templos y catedrales
desde una eternidad de tiempo
y trabajo fueron levantados a Ti.
¿Quién lo pidió?

"Misericordia quiero
no sacrificio,
y conocimiento de Dios
más que holocaustos."

Pastor de aguas,
vientos y sonidos
eres Tú, mi Dios incomprensible.
Nada tengo para darte,
sólo estas palabras inconexas,
sin luz y sin brillo.
Te pido que las aceptes
como un homenaje
de alabanza y gratitud.

Versiones de L. Cervantes-Ortiz

Mario Montalbetti

Perú (1953)

Auto
(remake del Coro V de *The Rock* de T.S. Eliot)

O Señor, libérame de Tus excelentes
intenciones
y de la pureza de Tu corazón,

porque Tus intenciones aún excelentes me
confunden y el corazón es engañoso
y desesperadamente perverso.

O Señor, líbrame del Dios que tiene algo que
ganar
y del Ángel que tiene algo que perder.

Déjame solo, desfóndame el cerebro, inclúyeme

en la lista de almas que jamás verán Tu rostro
y que pasarán la eternidad jugando
al billar,
razonando en vano la geometría de los
diamantes.

He experimentado Tu afecto
y he recordado inmediatamente las
palabras del profeta Elroy:

"La experiencia no es sino caos representado
en línea recta."

Presérvame de Tu sombra
que es la luz del mediodía;
sálvame de la verdad y del acierto
porque la verdad es mediocre y el
acierto innecesario

digo, a estas alturas.

Ahórrame el género de hombres y mujeres
que moldeaste del barro hartado
y que terminaron hablando del teatro como arte
y del actor como héroe.

O Señor, detesto el poder y Tú los resumes
todos.

Si acaso Te aburres en las noches desérticas
escóndeme y hazTe el que me buscas.

No me encontrarás.

Estaré conversando con animales modestos
y con plantas carnívoras,

y Tú bien sabes que ellos no mencionan Tu
nombre para nada.

Carlos Bonilla Avendaño

Costa Rica (1954)

Haikais

Dentro de vos
mora Sabiduría.
Le dicen Dios.

*

En Galilea
cuando callan los hombres
gritan las piedras.

*

Allá en el cielo
Está el ojo de Dios.
Y aquí, su espejo.

*

No en la tempestad
Ni en el terremoto
Búscalo en tu paz.

*

Al anochecer,
a Dios y a Su sombra
es más fácil ver.

*

Aunque Dios es luz
es la noche oscura
su inmenso capuz.

*

Místico antojo:
asomarme al lago
y ver Tus ojos.

*

(ojos que no son
sino una metáfora
de Tu corazón).
*

(lago en que cabe
un poema insondable
que nadie sabe).

Abismos II

XII
Navego sumergido en abismos de luz

las moléculas
se confunden con el sol

el cuerpo atravesado
por lámparas de fuego

Un fulgor cósmico que brota en cada célula,
la plenitud del gozo todavía en espejo,
el universo grávido, pariendo para siempre al alfa y al omega

el tiempo convertido en luz,
   la materia destellando luz
      la creación entera iluminada y luminosa

lágrimas de gozo llenan de claridad
-bautizando en la luz-
los hoyos negros del corazón

lágrimas de gozo
con que unges mi vida

aquí

en el borde del brillante abismo.

Edmundo Retana

Costa Rica (1956)

I
a veces
sólo la fe
el llanto
pulcramente
ahogado

II
¿Hay demasiados jirones
en el confín del espacio?

¿Huele a gritos allí?

¿Se alza como un ala
el mar?

¿O habrá que devolver
las llaves del reino
cuando la puerta se abra?

III
Por la certeza de un mundo mejor
me perdono
haber vivido.
Porque la esperanza es la imagen
definitiva
de la realidad.
Porque dijeran
tuvo fe y estuvo solo.

IV

La muerte vendrá con su estela
de sueños
cuando el astro disemine
sus frutos
en la vertiente inaccesible de tu sangre.
Afiebrados bosques tocan la cintura
de tu espalda.
Dios consigue disminuir
su voz antigua.
En el pecho las horas
se quebrantan.
Estoy vivo, estoy vivo.
La arena encuentra su cauce
en la frente del día.
Y es hermosa la heredad
Que me ha tocado.

V

Uno se despertaba temprano para ir a misa y luego viajar
en el bus mirándolo todo, quieto y sin hacer preguntas
que de todas maneras papá no sabría responder. Uno se
arrodillaba al entrar a la iglesia y pedía perdón sin saber
porqué. Dios se parecía a papá. El tampoco contestaba
las preguntas.

VI

Pienso en la *bondad del universo* cuando pienso en vos.
Sólo un Dios ocupado en su ternura pudo hacer nuestro
encuentro, por eso nuestra fe llena de asombro. Cuando
podaba un árbol en el crecimiento de sus renuevos te

esperaba, mientras escuchaba tus palabras lejanas, como si tiempo espacio no fueran ya el misterio. Por eso solo puedo amarte en viejas fotografías, en la fuga de los trenes. Entre palabras que no escondan su fragancia, la perfección de su luz.

VII

Que nadie toque la fragua de mis dedos, ni limpie la sucia sed. Todo sucede desde sus ojos de sombra, cuerpo que es vino, está aquí y se reparte, como pan, como llanto a deshoras por el mundo.

Que nadie ingrese en el santuario de mi angustia, donde se vela al dios que cae. Que nadie se arrodille ni pida favores al dios que duerme en las aceras.

Entre su hambre y su abandono quiero volver a nacer.

Javier Sicilia

México (1956)

Trinidad (fragmento)

No sé mucho de Él,
mas creo que en su Amor hay un espejo
donde se mira y fiel
emerge del reflejo
el canto de su Verbo y su festejo,
y gozoso de verse,
de tanto amar, oh Dios transfigurado,
dichoso de saberse,
Amante en Él y Amado,
va vaciando su Ser enamorado,
en esta hora oscura,
en este instante eterno y suspendido
que tras sus ojos dura
y en un gesto innacido
abre la realidad, crea el sentido.

¿O acaso, oscura fe,
no es la vida esta ausencia de Sí mismo,
este dulce porqué,
ese profundo abismo
del que surge el Señor de su ostracismo;
este instante en que a solas
se olvida ya de Él y Se derrama
y ahí donde te inmolas
en su Luz vuelta llama,
Se consume de Amor bajo la flama
del Otro que es su Esencia,
la medida y el peso de su gozo,
el Ser de su Presencia,
su Verbo y su reposo,
el Hijo en quien se mira ya dichoso?

573

Pues es tal ese Amor,
sí, esa única y riente claridad
del Uno, sí, ese Ardor
de su humilde Deidad
que al mirarse en Su hijo es Trinidad,
que por Él brota el día,
la luz surge del Nombre que lo nombra
y toda la alegría
renace de la sombra
y puebla la tiniebla, la descombra;
y entonces hubo ángeles
y astros en la noche del prodigio,
y estrellas como plácemes
de su amor sin litigio
y el fuego que se agita en su albo frigio;
y hubo noche y mañana,
desiertos, resplandores, claridades,
lagos, mares, sabanas,
pantanos, tempestades,
nieves, sombras y humildes cavidades;
y el grito de las fieras
hendía la mudez de la distancia
y en las bajas riveras
la secreta asonancia
de los cauces gemía en su fragancia;
y hubo planta y semilla,
y hubo el agua lustral en su torrente,
y entre la oscura arcilla
fecundó la simiente,
el insecto, la oruga, la serpiente,
para honrar los cortejos
con que el Verbo celebra la alegría

del Amor y en festejos
de dulce epifanía
enaltecer la luz que los gloría;
y hubo hombre y mujer
y el misterio infinito del deseo,
el goce del hacer,
el rito, el jubileo,
el himno de su amor, el clamoreo.
Y fue entonces su viento
sobre todas las tierras, errabundo,
la fuerza de su aliento
que calaba profundo
y preñaba las cosas de este mundo,
y en las pistas del día,
sobre las blancas cimas donde mora,
regía la armonía,
habitaba el ahora,
husmeaba en el caudal de cada aurora,
y en el hombre y sus goces,
bajo las piras sacras de su llama,
fecundaba las voces
del amor que proclama
la grandeza del ser y de su trama,
o esparciendo los granos
sobre la abierta tierra florecida
elevaba en los llanos
la secreta medida
a la que invita todo y lo convida.

Y el hombre, más amado
de ser su semejanza caminaba
a la luz de Su agrado
y en amor trabajaba

y con Dios celebraba y conversaba,
buscando a cada paso
entrar en el adentro de Dios mismo,
arder en ese abrazo
y tocar el abismo
y ser en la Palabra, y asimismo
idéntico al secreto
que lo piensa, lo crea y lo fecunda;
al eterno decreto
del Amor que lo funda
y lo abisma en la luz y en luz lo inunda,
para por fin gozar
de Su oscura Presencia transparente
y así participar
de Él que tan ausente
es tres, ah, siempre tres, humildemente;

oh *kenosis* del día,
amor que en tanto Amor es pura Ausencia,
oh luz que tan vacía
es eterna Presencia
colmada por su trina omnipotencia,
donde todo reside
y todo se contempla y permanece
y en silencio preside
la vida que florece
y fecunda en fulgores y se ofrece.

Así era en el viento,
agitando la luz, la inteligencia,
era su gran aliento
en la vasta licencia
del mundo y su terrible transparencia.

Viernes Santo

I

Clavado en el madero, Cristo calla.
Su cruz es burda e idéntica a las otras
donde cuelgan maltrechos dos ladrones.
La barba y el cabello por el polvo,
la sangre y los sudores se le enredan
sobre el pecho desnudo. Un estertor
de muerte lo recorre, mientras busca
con ansia entre la plebe la mirada
de aquellos que lo amaron. No hay ninguno.
La mañana es atroz y él está solo
con el hirviente hierro de los clavos
(casi no logro distinguir su rostro
ni sus ásperos rasgos de judío).
Fatigado se hunde en el desorden
de sus largos y múltiples recuerdos:
piensa en el Reino que clamó y lo espera,
en sus burdos y míseros discípulos
y en su doctrina del perdón que salva.
El suplicio es atroz y él desespera;
al dolor de los clavos y del tétanos
se agrega la tortura del pecado:
siente en su carne el peso de otra herida
inmemorial y vasta como el hombre
(que Borges nunca vio y nunca supo
cuando en Kyoto dictaba su poema):
el odio de Caín, las arduas guerras,
las espadas de Roma, los sicaris,
el fardo de la Ley, los saduceos,

la traición del amigo aquella noche
del garrote, la cuerda y la agonía,
el Imperio Cristiano de Occidente,
el fasto y la lujuria del papado,
la conversión de indios por la espada,
el cadalso, la guerra, las mazmorras,
el suplicio de Hus, Borgia y su estirpe,
el anatema, el *Index*, las intrigas,
los campos alemanes de exterminio,
las bombas de Hiroshima y Nagasaki,
los Gulags, el Mercado, sordo y ciego,
los pecados que haré, los que ya he hecho...
Sabe que su suplicio es casi eterno,
que no hay consuelo alguno en ese instante.
Han dado ya las tres sobre la cima.
Su espíritu abatido busca al Padre
que entre las sombras de su fe lo aguarda.
Nadie se ha dado cuenta que ya ha muerto,
ni sabe de los vínculos secretos
que en el cosmos su muerte habrá tejido.
El aire huele a sangre y a carroña.
¿Qué puedo yo decir, que no soy nada,
yo que gozo en mi vida sus dolores?
Sólo Dios pudo amarme en esa forma.

II
Soy del hombre que cuelga en esta tarde
el clavo de su mano, la derecha;
soy la lanza, la punta que lo acecha,
en su carne el flagelo que más arde;
soy el madero y soy de aquel judío,
que muere con la tarde, su lamento,

sus llagas soy, su sed, su amargo aliento,
su purulenta sangre y su vacío;
soy la plebe que yede y con su salva
de befas lo contempla en esta hora
que es la sexta, la hora más amarga,
la terrible, la oscura, la que embarga.
Soy lo peor de su muerte ayer y ahora,
soy su sangre vertida que me salva.

Milton Zárate

Costa Rica (1956)

La luz elegida (fragmento)

II. El silencio que elevas
Es tan caro el rescate de la vida.
Salmo 48

Levantas el silencio sobre tus hombros.
Igual que el destino
del hombre.
Una sombra repentina
cae sobre los ojos hiriendo.

A tu espalda sube
el calor del día,
la fuente secreta de tu dolor,
pálida brisa del camino
que te espera,
montaña inmensa
del sacrificio;
hacia donde apuntan tus manos
la esperanza.

El día se abre y Tú lo sabes.
A su espejo miserable
se asoma el pueblo
para mirarte y mirarte
desde tu doble lamento.

El camino es dominio
de la piedra, ligera y constante,
de la piedra en la piedra

581

brotando
hacia tu piel vencida,
un vapor ileso
que se eleva en tu sonrisa,
un galope quebrado
por el viento.

Mineral encendido,
destino de lluvia
traicionada.

Ah, el pueblo que a tus ojos
agrieta,
alas temporales
que se pierden
entre el polvo levísimo
de tus labios amando.

Y tus discípulos,
alfareros del llanto
¿dónde están?
¿Dónde tus escogidos se esconden?
¿Dónde la piedra que elegiste
levanta tus lágrimas
mientras el gallo canta?

Tres veces se olvidó tu nombre,
tu cuerpo entregado al trigo,
tu sangre añorando la uva,
tu palabra hecha incendio
o destino,
entre la más castísima sombra
de la eternidad.

Adónde, mi Señor, te llevan,
sino a la inútil frontera
del hombre y su arcilla.
Adónde, Señor, espera la noche
ya total,
tacto invisible de la muerte
llamando.

Sólo tu Madre sabe
de la pálida orilla de tu lamento.
Ella esconde su nocturno
abrazo,
conoce la mirada de la espina,
espacio roto del corazón
en fuga,
aire acabado de su sombra
en el cuerpo,
en los brazos que llevan
su marea:
la total certidumbre
del silencio.

Qué afilado destino el tuyo, Madre,
qué hondo pensamiento engarza
tu mirada
en la mirada misma del olvido.

Por tus ojos salta el silencio,
el camino que eleva el Hijo
sobre los hombros,
un día entero acabándose,
con la misma certeza

de la ya ligerísima cruz
que lo doblega,
con el ansia medida
de sus pasos quemantes.

La tierra perdida en la tierra
de nadie,
y de todos los que juntan
con Él
ese asombro único de Hebrón,
camino que agota
la claridad del viento
sumergido en sus ojos.

Quién levanta la cruz, Contigo.
Quién, Señor,
recoge Contigo
la dulce cicatriz
de cada estrella.

Quién lleva hacia Ti
la sombra detenida del silencio,
el largo cauce
de tu sangre volviendo
al oscuro grito
de la muchedumbre,
llama que esparce
longitudes
ante el rotundo desamor.

Quién respalda tu ardorosa sed
y calla.

Sólo te miran pasar.
Sólo alcanzan a ver
tu luz quebrándose
entre los dedos fugaces
del mediodía.

Dímelo, Jerusalem,
adónde va tu rey,
adónde sube su música
de sueño y eternidad.

Dónde se regocija la piedra,
luminosidad
de tantos rostros cayendo
paso a paso
entre tus pasos.

Dónde detiene la ceniza
su alocada carrera
de polvo y sed,
de ansia y ala
ante el milagro.

Atrás Belén y su pesebre
de inmensas claridades.

Atrás la infancia de pequeñísimos
soles,
dormías
bajo el calor senil
de los profetas.

Atrás tu Galilea amada,
Samaria desnuda
como un canto temprano.
Nazareth de sueños únicos.
Judea de esbeltos
olivos,
las noches amamantan
los deseos.

El Jordán y su presagio
de pasadas luchas.

Toda la tierra que anclaste en tu regazo
es un cordero.

Pero es el silencio
un largo espejo
en tus desnudos hombros
volando hacia el deseo.

¿Oyes cómo laten las cosas
y sus sombras?
¿Cómo sucumbe la ausencia
de quienes aumentan a gritos
tu dolor,
de quienes flagelan tu nombre
escupiendo en la nada?

Pero sólo es el viento
que golpea asustado
a tu muerte viniendo.

Patricia
Gutiérrez-Otero

México (1958)

De lo exterior a lo interior,
de lo interior a lo superior.
SAN AGUSTÍN DE HIPONA

Rastreo tu perfume sobre la piel de las cosas,
sobre la hoja del laurel y el canto del ave,
en los estambres diminutos del clavel
y los fastuosos pétalos de la rosa.
Te sigo y te adivino en los minutos que me esculpen.
La noche, confidente, me habla de ti
y el pozo obscuro tras mis ojos cerrados
en el que penetro tras recorrer las pieles,
puertas privilegiadas del jardín y el castillo.
En mí te intuyo,
en mí te escucho,
en mí te pierdo al extender la mano.
El gran viento me cubre y me rapta al borde del
llanto,
por tenerte tan cerca, por saberte tan lejos,
porque el océano no cabe en el cuenco de mis
manos
ni la noche completa en la luna de mis ojos,
porque mis costuras se desgarran y ni así te contengo.

***

Nada se transfigura en este ocaso,
no hay vuelo de aves ni canto de niños ni luz
sobre las hojas;
sólo el ruido de un motor.
Hoy es triste la noche.
A lo lejos brillan los sueños que surcaron el
océano;

brillan y aún prometen un paraíso que triunfaría
del asfalto,
que se elevaría para cubrir las centrales nucleares,
y proteger al hombre, a la mujer, al niño, a la
bestia, a la caña, al maíz
de carreteras que atraviesan el desierto y la flo-
resta.
Brillan, cómo brillan, pero no se transfigura, hoy,
la oscuridad.
Dios, sentado en su trono y sus ardientes súbditos
observan a Babel y su torre de sueños:
ven las alas de Ícaro, el fuego de Prometeo,
el vuelo del tren rápido Roma-París,
los cibernautas y sus juegos, y un Arca que
naufraga en un lugar de la Tierra.
Dios, invisible, observa la noche del hombre y ve
brillar sus sueños.

***

Sostén el árbol de cristal,
que no caiga, que no se rompa.

Es de noche y hay un abismo
que nada ni nadie sostiene.

Y Dios se ha ido, se ha ocultado;
su nombre, una campana muda,
su presencia, fértil ausencia.

Cae el telón de vidrio oscuro;
ay, es de noche, los murciélagos
rasgan el rostro de la luna.

Tiemblan las hojas de cristal
y ya no bajan las princesas,
ya no suben en las barcazas,
ya no bailan en zapatillas...

Sostén el árbol de diamantes
que aún no caiga, que no se rompa.

Ana Istarú

Costa Rica (1960)

Si Dios naciera

Dios, si fueras mujer
y no hombre
y no fueras blanco
como tejido de nubes,
sino una ramera de hambres
en el ácido rincón de las costillas,
o el sudor que se oscurece
en los presidios,
o simplemente un perro huérfano y triste,
y si no hubiera iglesias
sino que cada iglesia fuera uno mismo,
para mí
apenas estarías
naciendo
por primera vez,
Jesucristo.

Francisco Magaña

México (1961)

¿CÓMO PUEDO ESCRIBIRTE? ¡QUÉ OSADÍA
pensar que mi desvelo encuentre eco
en los sueños tranquilos del remanso
de las plumas del cielo que te abrigan!

¡Qué soledad me dice que estoy solo!
¡Cuánta plegaria eterna y aún más:
qué cobardía me abraza y me indispone
a continuar aquí en estos infiernos!

¡Qué solo estoy Señor sin ti no estoy
y cuán quemante el hielo de tu ausencia
que acaso por castigo me encamines

a andar solo y desnudo y redimido
o en corriente sin cauce sin destino
o en la sombra remedo de mí mismo!

Antorchas (fragmentos)

Su mirada inaugura al mundo. Despierta y todo se descubre con la promesa: de sus dedos brotan conjuros y jardines desparramados, como si del oratorio los cantos hendieran su portento y llegaran hasta la partícula más ínfima del aire a prodigar sus dones. Una vez despierto el mundo, se levanta y dice:

Los párpados se dejan nacer en la fe.

Y mientras toma posesión de la vida, escuchamos en la ventana el trinar inconfundible de su lenguaje.

*

En la madrugada gustaba de repetir una oración aprendida en otros desvelos: *que nos abracen los muertos de todas las vidas con la ternura invisible del aliento, que los cantos que te cantan, Señor, que los cantos que te saben jamás pierdan el sendero, que continúe sigilosa la fatiga que te nombra, por los niños abrazados a las flores del sepelio, por los vientres alejados de la luz y por los vientres que conocen y conocerán tu nombre, por los ojos trasnochados y por los labios cantantes: por la nada y el hastío.*

George Reyes

Ecuador (1961)

Valspop

       Danzas

tú

       lo eterno:

               desgajado

       paso

       universal

       en profana

       pista

       donde

yace (s)

       la luz

               sollozante

Endescompás

Un paso
más
al viejo
vals
que sabe
a gloria
alarido
o caos
tritura
dos
sagradas
sí-la-bas
con que pudieras
(d)escribir
el estribillo
de un himno
a la vida...

Principialidad

Estáte
en plegaria
descalza
curvando
la sombra
del árbol
que invadió
tu espacio...

Desde arriba luchan las estrellas

> La literatura es el mejor antídoto que ha creado la
> civilización frente al conformismo...
> MARIO VARGAS LLOSA

> El poeta crea fuera del mundo que existe el que
> debiera existir"
> VICENTE HUIDOBRO

...Y
en el lienzo
de las noches
que se alejan
se recogen
los dolores
pedaceados
que deslizan
tres
ejércitos
de estrellas
en cada pestañeo
planetario
iluminado.

Fiesta de silencio

En aquel
día
al fin
de las sombras
yaciendo
heridas
bailarán
sin ruido
los ídolos
la danza
mortal
del ocaso.

Salmo hondo

Canto 1

Se inclina
en las alturas
a contemplar
la historia
torrente
azulino
de olas...
humedece
de frío
el alma.

Canto 2

Levanta
del polvo
con claves
diluidas
en silencio
porque
no hay
noches
sin Luz
ante quien
se inclinan
las sombras...

Posparaíso

¡Pedazo
humano
milenario
se canta
un himno
a los oídos
de tu alcurnia
adormecida!

Desparaíso

Echa
de menos
la belleza
que ha perdido
en su salto
con caída
en sobresalto
del instinto
decadente
de esos ojos.

George Reyes

Imparaíso

Rebosando
la copa
de culpa
mortal
manchó
temprano
el chorro
su hermosura
convertida
ahora
voluptuosas
olas.

Ángel Darío Carrero

Puerto Rico (1965)

Al Dios que no me visita

Mi codo se queja
de la incomodidad
            a la altura misma del futuro.

Todo es tan espeso
      que no puedo tragarlo.

Me quito los lentes
      y veo exactamente lo mismo:
            al Dios que no me visita.

Estoy perdido entre las aguas,
      voy rozando enseres y ropas
             con mi habitual fango.

Mi corazón
        como un niño tomado de la mano
    se traslada conmigo.

Plagio

Señor,
tú hablas
y yo lo convierto
en palabra.

Mi poema
es una traición
                    que se repite,
un plagio desvergonzado
al que doy mi firma.

Señor,
tú callas
y yo amo las palabras.

Subo

Subo al borde
de las cosas,
de mí mismo.

Nadie va conmigo,
es imposible perderse
donde no hay veredas.

Oigo desde un impreciso donde:
Tírate, te cogeré en mis brazos.

No hay brazos para esta voz.

Me lanzo
    cansado de certezas
    que no se cumplen
sin más luz
    que la niebla.

Espejismo

Te me has vuelto arroyo engañoso,
de agua inconstante.
JEREMÍAS 15.18

si tú eres un espejismo
¿quién se observa en el reflejo
resplandeciente del agua?

¿un capricho escondido
de la luz y de la sombra?

¿una moneda lanzada
al azar del aire?

¿una flecha disparada
sin origen ni destino?

¿puro azar en el viaje
encontrado de los astros?

si tú eres el que eres
entonces es real
que yo también sea alguien

me urge que salgas
húmedo del arroyo
y me engañes claramente

Ángel Darío Carrero

Éxtasis

hijo del momento
acallé con besos las palabras

me sobrevino
       el deseo curvo del otro

cancelado
       el rigor de los pronombres
surgió una nueva estación
               del tiempo

los misterios
       abrían sus siete alas
junto a la danza inmemorial
               del fuego

los cielos encendidos no volaban:
               eran el vuelo

Luis Gerardo Mármol Bosch

Venezuela (1966)

Luis Gerardo Mármol Bosch

Soneto a Jesús crucificado

Para Armando Rojas-Guardia

Si fuera concedido sumergirme
en esa niebla de tu espanto santo
que Schehadé cantó, no fuera tanto
como el solo foetazo donde asirme

a lo que, un tenue atisbo inmenso, espero
que a mi patria cabal me aventaría.
¿Por qué, entonces, me aferro a esta porfía
de querer tu consuelo, y no el madero,

fragante astilla de núbil canela?;
de la zanja hecha en mi tonsura fluya
(porque adamándote me ame a mí mismo

sin tacha), el agua donde la gacela
abreva, al fin promiscua con la tuya
para ti, *dulce ron de los abismos*.

BIBLIOGRAFÍA

1. Antologías

Antología de poesía cristiana. (Siglos XII al XX), Terrassa (Barcelona), CLIE, 1985. 595 pp.

Arteche, Miguel y Rodrigo Cánovas, eds., *Antología de poesía religiosa chilena,* Santiago de Chile, Ediciones Universidad Católica de Chile, 1989. 593 pp.

Barros, Daniel, sel. y pres., *Antología básica contemporánea de la poesía latinoamericana,* Buenos Aires, Ediciones de la Flor, 1973. 254 pp.

Boccanera, Jorge, ed., *Palabra de mujer. Poetisas de ayer y hoy en América Latina y España,* México, Editores Mexicanos Unidos, 1982. 278 pp.

Boccanera, Jorge y Saúl Ibargoyen, eds., *Poesía rebelde en Latinoamérica,* 3ª ed., México, Editores Mexicanos Unidos, 1983. 348 pp.

Champourcin, Ernestina de, pról. y sel., *Dios en la poesía actual. Selección de poemas españoles e hispanoamericanos,* 3ª ed., Madrid, Biblioteca de Autores Cristianos, 1976. 429 pp.

Chase, Alfonso, ed., *Las armas de la luz. Antología de la poesía contemporánea de la América central,* San José de Costa Rica, Departamento Ecuménico de Investigaciones, 1986. 539 pp.

Correa, Carlos René, ed., *Poetas chilenos del siglo XX,* 2 t., Santiago de Chile, Zig-Zag, 1972.

Crespo, Ángel, sel., introd. y trad., *Antología de la poesía brasileña. Desde el Romanticismo a la Generación del cuarenta y cinco,* Barcelona, Seix Barral, 1973. 440 pp. (Biblioteca breve de bolsillo, serie mayor, 15)

Flores, Miguel Ángel, sel., trad. y pres., *Más que carnaval. Antología de poetas brasileños contemporáneos,* México, Aldus, 1994. 450 pp. (Los poetas)

García Aller, Ángel y Alfonso García Rodríguez, eds., *Antología de poetas hispanoamericanos contemporáneos,* León (España), Nebrija, 1980. 335 pp.

García Elío, Diego, sel. y pres., *Una antología de poesía cubana,* México, Oasis, 1984. 235 pp. (Percance, 6)

Gutiérrez Marín, Claudio, ed., *Lírica cristiana. Antología de poesía religiosa hispanoamericana*, México, Publicaciones de la Fuente, 1961.

Jaramillo Levi, Enrique, sel., pról. y notas, *Poesía panameña contemporánea (1929-1981)*, 2ª ed., México, Penélope, 1982. 452 pp.

Jiménez, José Olivio, sel., pról. y notas, *Antología de la poesía hispanoamericana contemporánea: 1914-1970*, Madrid, Alianza Editorial, 1971. 511 pp. (El libro de bolsillo, 289)

López Peña, Arturo, ed., *Poesía argentina de inspiración religiosa. Antología*, Buenos Aires, Ministerio de Cultura y Educación-Ediciones Culturales Argentinas, 1992. 278 pp.

Maicas García-Asenjo, Pilar y María Enriqueta Soriano P. Villamil, eds., *Hombre y Dios. II. Cien años de poesía hispanoamericana*. Madrid, Biblioteca de Autores Cristianos, 1996 (BAC, 562).

Martínez Ruiz, Florencio, ed., *Nuevo mester de clerecía*, Madrid, Editora Nacional, 1978. 330 pp. (Alfar, colección de poesía, 33)

Mitre, Eduardo, sel. y estudio crítico, *El árbol y la piedra. Poetas contemporáneos de Bolivia*, Caracas, Monte Ávila, 1988. 263 pp. (Altazor)

Morales Santos, Francisco, pról. y sel., *Nueva poesía guatemalteca*, Caracas, Monte Ávila, 1990. 142 pp. (Altazor)

Ortega, Julio, comp., Antología de la poesía latinoamericana del siglo XXI. El turno y la transición. México, Siglo XXI, 1997

Ortiz Gallegos, Jorge Eugenio, ed., *Poesía religiosa mexicana del siglo XX. Breve selección*, México, Delegación Iztapalapa, 1998. 61 pp. (Lajas de papel, 1)

Patiño, Maricruz, sel., *Trilogía poética de las mujeres en Hispanoamérica. Tomo II. Místicas.* México, La Cuadrilla de la Langosta, 2004.

Peñalosa, Joaquín Antonio, ed., *Flor y canto de poesía guadalupana. Siglo XX*, México, Jus, 1984.

Poesía y vida. Antología de poesía cristiana contemporánea, Buenos Aires, Ediciones Certeza, 1979.

Saint Mezard, Raúl, ed., *Poesía latinoamericana contemporánea. Selección antológica*, Buenos Aires, Círculo del Buen Lector, 1991. 310 pp.

Santiago, José, ed., *Antología de la poesía argentina*, Madrid, Editora Nacional, 1973.

Toker, Eliahu, pról. y sel., *Panorama de la poesía judía contemporánea. Celebración de la palabra*, Buenos Aires, Mila'-Editor, 1989. 239

pp. (Raíces. Biblioteca de Cultura Judía, 49)

Vigil, Arnulfo, pról. y sel., *Antología de poesía cristiana en América Latina,* México, Claves Latinoamericanas, 1990. 166 pp.

Xirau, Ramón, pról., sel. y notas, *Poesía iberoamericana contemporánea. Una antología general,* México, SEP-UNAM, 1982. (Clásicos americanos, 37)

Zapata, Miguel Ángel y José Antonio Mazzotti, sel. y pról., *El bosque de los huesos. Antología de la nueva poesía peruana 1963-1993,* México, El Tucán de Virginia, 1995. 243 pp. (Zona)

Autores

Alves, Rubem, *Pai Nosso. Meditações,* 4ª ed., Sao Paulo, Paulus, 1987.

Amor, Guadalupe, *Décimas a Dios,* 2ª ed., México, FCE, 1953. (Tezontle)

Arbeleche, Jorge, *Ágape [1968-1993],* Montevideo, Ediciones de la Banda Oriental, 1993.

Báez-Camargo, Gonzalo, *El artista y otros poemas.* [1945] México, Casa Unida de Publicaciones, 1987.

Barbieri, Sante Uberto, *Gotas de rocío.* México-Buenos Aires, Casa Unida de Publicaciones-La Aurora, 1956.

Bernárdez, Francisco Luis, *El ruiseñor,* 2ª ed., Buenos Aires, Losada, 1954. (Poetas de España y América)

_____, *El ángel de la guarda,* Buenos Aires, Losada, 1949. (Poetas de España y América)

Borges, Jorge Luis, *Obra poética 1923-1977,* Buenos Aires, Emecé, 1977.

_____, *La cifra,* Madrid, Alianza Editorial, 1981. (Alianza Tres, 72)

_____, *Los conjurados,* Madrid, Alianza Editorial, 1985. (Alianza Tres, 159)

Cardenal. Ernesto, *Salmos,* 6ª ed., Buenos Aires-México, Carlos Lohlé, 1974.

_____, *Antología,* 3ª ed., sel. y pról. de Pablo Antonio Cuadra, Buenos Aires-México, Carlos Lohlé, 1974.

_____, *La noche iluminada de palabras.* Obras completas, tomo 1, Managua, Ediciones Nicarao, 1991.

_____, *Telescopio en la noche oscura,* Madrid, Trotta, 1993. (La dicha de enmudecer, serie poesía)

Carrera Andrade, Jorge, *Registro del mundo. Antología poética 1922-1939*, México, Séneca, 1945.

_____, *Antología poética*, sel. y pról. de Vladimiro Rivas Iturralde, México, FCE, 2000. (Tierra firme)

Carrero, Ángel Darío, *Llama del agua*. Madrid, Trotta, 2001.

Cardoza y Aragón, Luis, *Poesías completas y algunas prosas*, México, FCE, 1977. (Tezontle)

Casaldáliga, Pedro, *Al acecho del Reino. Antología de textos 1968-1988*, México, Claves Latinoamericanas, 1990.

_____, *Antología personal*. Madrid, Trotta, 2006.

Castellanos, Rosario, *Poesía no eres tú. Obra poética 1948-1971*, 2ª ed., México, FCE, 1975. (Letras mexicanas)

Chase, Alfonso, *Obra en marcha. Poesía 1965-1980*, San José de Costa Rica, Costa Rica, 1982.

_____, *Entre el ojo y la noche. Poesía 1983-1985*, San José de Costa Rica, Costa Rica, 1986.

Cuadra, Pablo Antonio, *Canciones de pájaro y señora. Poemas nicaragüenses*, San José de Costa Rica, Libro Libre, 1986. (Obra poética completa, 1)

Dalton, Roque, *Antología*, sel. de Juan Carlos Berrio, Tafalla, Txalaparta, 1995.

Darío, Rubén, *Poesía. Libros poéticos completos y antología de la obra dispersa*, 1ª reimp., ed. de Ernesto Mejía Sánchez, México, FCE, 1984.

_____, *Páginas escogidas*, ed. de Ricardo Gullón, México, Red Editorial Iberoamericana, 1987. (Letras hispánicas, 103)

Debravo, Jorge, *Antología mayor*, 5ª ed., San José de Costa Rica, Costa Rica, 1994.

_____, *Milagro abierto*, 4ª ed., San José de Costa Rica, Costa Rica, 1989.

Eielson, Jorge Eduardo, *Poesía escrita*, 2ª ed., México, Vuelta, 1989.

Esquivel, Julia, *Florecerás Guatemala*. México, Casa Unida de Publicaciones, 1990.

_____, *Algunos secretos del Reino*. Guatemala, Semilla, 1997.

Estrello, Francisco, *En comunión con lo eterno. (Antología devocional)* [1949], México, Casa Unida de Publicaciones, 1990.

Fernández Moreno, César, *Sentimientos completos*, Buenos Aires, Ediciones de la Flor, 1981.

García Marruz, Fina, *Antología poética*. México, FCE, 2002.

Gaztelu, Ángel, *Gradual de laúdes*, México, Ediciones del Equilibrista, 1987. [Edición facsimilar. Original: La Habana, Orígenes, 1955]

Gelman, Juan, *Poesía*, ed. de Víctor Casaus, La Habana, Casa de las Américas, 198

_____, *Hacia el sur*, México, Marcha Editores, 1982.

Girri, Alberto, *Noventa y nueve poemas*, introd., sel. y notas de María Kodama, Madrid, Alianza Editorial, 1988. (Alianza tres, 217)

Gómez-Gil, Orlando, *Seis aproximaciones a la poesía de Sergio Manejías*, Miami, Ediciones Universal, 1991.

Guillén, Nicolás, *Obra poética 1920-1972*, tomo I, La Habana, Editorial de Arte y Literatura, 1974.

Huidobro, Vicente, *Antología poética*, sel. y pról. de Andrés Morales, Buenos Aires, Corregidor, 1993.

Ibáñez, Sara de, *Apocalipsis XX*, Caracas, Monte Ávila, 1970.

_____, *Poemas escogidos*, México, Siglo XXI, 1974. (La creación literaria)

Ibáñez Langlois, José Miguel, *Busco tu rostro. Antología poética*, Santiago de Chile, Editorial Universitaria, 1989.

Ibarbourou, Juana de, *Poesía*, México, Editores Mexicanos Unidos, 1989.

_____, *Las lenguas de diamante. Raíz salvaje*, ed. de Jorge Rodríguez Padrón, Madrid, Cátedra, 1998. (Letras Hispánicas, 447)

Ivo, Lêdo, *La imaginaria ventana abierta*, trad. y pról. de Carlos Montemayor, México, Premia, 1980. (Libros del bicho, 9)

_____, *Las islas inacabadas*, trad. Maricela Terán, México, Universidad Autónoma Metropolitana, 1985. (Molinos de viento, 40)

Jorquera, Laura, *Sonetos de la fe*. México-Buenos Aires, Casa Unida de Publicaciones-La Aurora, 1956.

Juarroz, Roberto, *Poesía completa*, 3 t., Buenos Aires, Emecé, 1993-1995.

Kovadloff, Santiago, *La sombra oscilante*, México, UNAM, 1988. (Material de lectura, Poesía moderna, 138)

Kozer, José, *Este judío de números y letras*. Tenerife, Ediciones Nuestro Arte, 1975.

_____, *Bajo este cien*, México, FCE, 1983.

Lavín Cerda, Hernán, *Música de fin de siglo*. Santiago, FCE, 1999.

León Felipe, *Ganarás la luz,* Madrid, Visor, 1981. (Visor de poesía, 142)

_____, *Versos y blasfemias de caminante,* Madrid, Visor, 1984. (Visor de poesía, 187)

_____, *Versos y oraciones de caminante,* Madrid, Visor, 1983. (Visor de poesía, 137)

_____, *Nueva antología rota.* Madrid, Visor, 1981. (Visor de poesía, 129)

_____, *Antología de poesía,* comp. Arturo Souto Alabarce, México, FCE, 1985.

Lezama Lima, José, *Obras completas. Tomo I. Novela. Poesía completa,* México, Aguilar, 1975.

Lima, Jorge de, *Antología fundamental,* sel., trad. y pról. de Francisco Cervantes, México, Universidad Autónoma Metropolitana, 1989. (Molinos de viento, serie poesía, 65)

Lihn, Enrique, *Mester de juglaría,* Madrid, Ediciones Hiperión, 1987. (Poesía Hiperión, 108)

_____, *Diario de muerte,* Santiago de Chile, Editorial Universitaria, 1989. (Fuera de serie)

_____, *Porque escribí. Antología poética,* sel., pról. y apéndice crítico de Eduardo Llanos Melussa, Santiago de Chile, FCE, 1995.

López Velarde, Ramón, *Obras,* ed. de José Luis Martínez, México, FCE, 1971. (Biblioteca americana)

Loynaz, Dulce María, *Poesía completa,* La Habana, Letras Cubanas, 1993.

Macín, Raúl, *La casa de todos.* México, Celadec, 1988.

_____, *La pascua del sólo tú.* Pachuca, Gobierno del Estado de Hidalgo-Asociación de Escritores Hidalguenses-Movimiento Mexicano por la Paz, 1989.

Martínez Baigorri, Ángel, *Ángel poseído,* intro., sel. y notas de Juan Bautista Bertrán, Barcelona Libros Río Nuevo, Ediciones 29, 1978. (Serie Ucieza)

Matos Paoli, Francisco, *Los crueles espejos,* San Juan, Puerto Rico, 1980.

_____, *El cerco de Dios. Antología,* San Juan, Puerto Rico, Ediciones Mairena, 1995.

_____, *Canto de la locura* [1962], ed. de Ángel Darío Carrero Morales. Carolina, Puerto Rico, Terranova Editores, 2005.

Mendes. Murilo, *35 poemas,* sel., trad. y pról. de Rodolfo Alonso, Caracas, Fundarte, 1979. (Breves, 21)

_____, *Antologia poética,* sel. de João Cabral de Melo Neto, Brasília, Fontana-Instituto Nacional do Livro, 19

Mergal, Ángel, *Puente sobre el abismo. Sonetos espirituales,* Barranquitaas, Puerto Rico, Academia Bautista, 1941.

Mistral, Gabriela, *Desolación. Ternura. Tala. Lagar,* 4ª ed., México, Porrúa, 1981. (Sepan cuantos…, 250)

Molina, Enrique, *Obra poética,* Buenos Aires, Corregidor, 1987.

Montealegre Klenner, Hernán, *Cielo en la tierra,* Santiago de Chile, Ediciones del Joven Laurel, 1955.

Montejo, Eugenio, *Alfabeto del mundo,* México, FCE, 1988. (Tierra firme)

Moraes, Vinicius de, *Antología poética,* trad. de Juan José Hernández y Haydée Jofré Barroso, Buenos Aires, Ediciones de la Flor, 1984.

Hugo Mujica, "Juan de la Cruz. La nada: fuente y metáfora", en *Poéticas del vacío.* Madrid, Trotta, 2002, pp.41-68.

Neruda, Pablo, *Crepusculario. Poemas (1920-1923)* [1923], 2ª ed., Barcelona, Seix Barral, 1981. (Biblioteca breve, Obras de Pablo Neruda)

Nervo, Amado, *Antología de poesía y prosa.* [1969] Sel. y pról.. de Alfonso Reyes. México, Conaculta, 1990 (Lecturas mexicanas, tercera serie).

Ochoa, Enriqueta, *Retorno de Electra,* México, Diógenes-SEP, 1987. (Lecturas mexicanas, segunda serie, 72)

_____, *Enriqueta Ochoa,* sel. y nota de Esther Hernández Palacios, México, UNAM, 1994. (Material de lectura, poesía moderna, 182)

Orozco, Olga, *La noche a la deriva,* México, FCE, 1984. (Tierra firme)

_____, *Antología poética,* Madrid, Ediciones Cultura Hispánica, Instituto de Cooperación Iberoamericana, 1985.

_____, *Con esta boca, en este mundo,* sel. y nota introductoria de Jacobo Sefamí, 1992. (Margen de poesía, 11)

Pacheco, José Emilio, *Tarde o temprano. Poesía 1958-2000,* México, FCE, 2000. (Letras mexicanas)

Palés Matos, Luis, *Poesía completa y prosa selecta,* ed., pról. y cronología de Margot Arce de Vázquez, Caracas, Biblioteca Ayacucho, 1978. (32)

Pardo García, Germán, *Apolo Pankrátor,* México, Libros de México, 1977

Parra, Nicanor, *Chistes parra desorientar a la ~~policía~~ poesía,* Madrid, Visor, 1996. (Visor de poesía, 236)

_____, *Poemas para combatir la calvicie. Muestra de antipoesía,* comp. Julio Ortega, México, Consejo Nacional para la Cultura y las Artes-Universidad de Guadalajara-FCE, 1993. (Tierra firme)

Pellicer, Carlos, *Obras. Poesía,* ed. de Luis Mario Schneider, México, FCE, 1981. (Letras mexicanas)

Pizarnik, Alejandra, *Semblanza,* introd. y comp. de Frank Graziano, México, FCE, 1993. (Tierra firme)

_____, *La extracción de la piedra de locura. Otros poemas,* Madrid, Visor, 1993. (Visor de poesía, 292)

Placencia, Alfredo R., *Antología,* México, Jus, 1976. (Poesía, 3)

_____, *El libro de Dios,* México, Consejo Nacional para la Cultura y las Artes, 1990. (Lecturas mexicanas, tercera serie, 9)

Pol, Osvaldo, *Recapitulaciones. Poemas 1966-2001.* Córdoba, Ediciones del Fundador, 2001.

Ponce, Manuel, *Poesía 1940-1984,* México, UNAM, 1988. (Textos de humanidades)

_____, *Antología poética,* sel. y pról. de Gabriel Zaid, México, FCE, 1980. (Letras mexicanas)

Prado, Adélia, *Poesia reunida,* São Paulo, Edições Siciliano, 1991.

Rojas, Gonzalo, *Antología de aire,* Santiago de Chile, FCE, 1991. (Tierra firme, poetas chilenos)

Rokha, Pablo de, *Mis grandes poemas. Antología,* Santiago de Chile, Nascimento, 1969.

Sabines, Jaime, *Nuevo recuento de poemas.* 3ª ed., México, Joaquín Mortiz, 1983. (Biblioteca paralela)

Salem, Luis D., *Romancero bíblico,* Miami, Caribe, 1979.

Selva, Salomón de la, *El soldado desconocido y otros poemas. Antología,* México, FCE, 1989. (Tierra firme)

Sicilia, Javier, *La presencia desierta.* México, Consejo Estatal para la Cultura y las Artes-Querétaro, 1996. (Los cincuenta)

_____, *Pascua,* Monterrey, Universidad Autónoma de Nuevo León/ Facultad de Filosofía y Letras, 2000. (Babélica, 1)

Tablada, José Juan, *Obras completas. I. Poesía.* 1ª reimp., recop., ed., pról. y notas, México, UNAM, 1991. (Nueva biblioteca mexicana, 24)

Urquiza, Concha, *El corazón preso. Toda la poesía reunida,* recop. y pról. de Gabriel Méndez Plancarte, pres. de José Vicente Aanaya, Toluca, Universidad Autónoma del Estado de México, 1985. (Renacimiento, 8)

Viel Temperley, Héctor, *Hospital Británico.* México, Univerisdad Autónoma Metropolitana, 1997 (El pez en el agua, 4)

Vitier, Cintio, *La fecha al pie,* La Habana, UNEAC, 1981.

_____, *Antología poética,* Caracas, Monte Ávila, 1993.

Walsh, María Elena, 4ª ed., *Otoño imperdonable,* Buenos Aires, Sudamericana, 1970.

Xirau, Ramón, *Antología,* México, Diana, 1989.

_____, *Poemes. Poemas,* sel. y trad. de Andrés Sánchez Robayna, México, Ediciones Toledo, 1990.

_____, *Naturalezas vivas. Natures vives,* trad. de Rafael-José Díaz, México, El Tucán de Virginia, 1997.

Zaid, Gabriel, *Cuestionario. Poemas 1951-1976,* México, FCE, 1976. (Letras mexicanas)

_____, *Reloj de sol,* México, El Colegio Nacional, 1995. (Obras, 1)

Zárate, Milton, *La luz elegida. (Viacrucis),* San José de Costa Rica, Costa Rica, 1995.

Zorrilla, Hugo, *El eco seco de muchas aguas.* 1997.

Zwetsch, Roberto E., *Vigília. Salmos para tempos de incerteza.* São Leopoldo, Sinodal, 1994.